Dieses Service Journal hält Sie mit aktuellen Informationen über wichtige Entwicklungen auf dem Laufenden. Redaktion und Herausgeber stellen das Wesentliche gut lesbar und praxisgerecht für Sie zusammen.

Das Service Journal ist so konzipiert, dass Sie es ganz nach Ihrem individuellen Bedarf nutzen können. Es ist stabil gebunden, damit Sie es wie eine Zeitschrift lesen und sich auch zu Hause oder unterwegs bequem über das Neueste informieren können.

Hinweis zum Einsortieren

Öffnen Sie den Heftstreifen:

Entnehmen Sie zunächst die „**Einsortieranleitung**". Diese wird im Nachschlagewerk **nicht benötigt.**

Fügen Sie dann bitte unter Beachtung der Anleitung die Seiten in Ihr Werk ein bzw. entfernen Sie Veraltetes.

Der Verlag achtet im Rahmen der redaktionellen Möglichkeit auf eine bedarfsgerechte Zusammenstellung der Seiten zum schnellen Einsortiere[n]. In nur wenigen Minuten aktualisiere[n] Sie Ihr Nachschlagewerk.

Sollten Sie gerade keine Zeit für das Einlegen der neuen Seiten in Ihr Experten System finden, so können Sie das Service Journal an der Lochun[g] einfach vorne in den Ordner einhänge[n].

Um dieses Service Journal zu einem wertvollen Bestandteil Ihres Springer Experten Systems zu machen, sortieren Sie bitte die Beiträge nach unserer Anleitung ein.

Haben Sie Fragen zu Ihrem Springer Experten System oder zum Service Journal? Gibt es Anregungen oder Wünsche an die Redaktion und die Herausgeber? Wir helfen Ihnen gerne weiter.

Service-Telefon:
freecall 08 00 – 8 63 44 88
Fax: (0 6221)345-229
E-mail: h.ziegler@springer.de
Redaktion: jochen.schumacher @bodenschutzrecht.de

Bodenschutzrecht-Praxis
Anleitung zum Einsortieren

Mit dieser Lieferung erhalten Sie einen Ergänzungsband zu Ordner 1 und 2.

Grundwerk **Das nehmen Sie heraus**	Anzahl der Seiten	Service Journal 3 **Das ordnen Sie ein**	Anzahl der Seiten
Ordner 1			
Titelblatt (Stand Juni 2000)	2	Titelblatt (Stand März 2001)	2
		Vorwort zum 3. Service Journal	1
		Autoren	1
Inhaltsverzeichnis Band 1 (Seiten XI-XV)	5	Inhaltsverzeichnis Band 1 (Seiten XI-XVI)	6
Teil 1 Gesetz/Verordnungen/Verwaltungsvorschriften			
2311	7	2311 (Seiten 1-20)	20
		2312 (Seiten 1-26)	26
Teil 2 Richt- und Grenzwerte			
		3110 (Seiten 1-87)	87
Ordner 2			
Inhaltsverzeichnis Band 2 (Seite III-IV)	2	Inhaltsverzeichnis Band 2 (Seite III-IV)	2

Teil 3 Kommentierung		
	5540 (Seiten 11-28)	18
Teil 4 Checklisten und Fallbeispiele		
	6410 (Seiten 1-8)	8
	6420 (Seiten 1-8)	8
	6430 (Seiten 1-5)	5
	6440 (Seiten 1-4)	4
	6450 (Seiten 1-2)	2

Springer Experten System

J. Hofmann-Hoeppel J. Schumacher
J. Wagner (Hrsg.)

Bodenschutzrecht – Praxis

Kommentar und Handbuch für die geo- und ingenieurwissenschaftliche Praxis

Band 1

März 2001

Springer

Dr. jur. utr. J. Hofmann-Hoeppel
Allerseeweg 18, 97204 Höchberg
e-mail: jochen.hofmann-hoeppel@bodenschutzrecht.de

Ass. jur. J. Schumacher
Ursrainer Ring 81, 72076 Tübingen
e-mail: jochen.schumacher@bodenschutzrecht.de

Prof. Dr. rer. nat. J. Wagner
Rodenheimweg 15, 66538 Neunkirchen
e-mail: juergen.wagner@bodenschutzrecht.de

Unter Mitarbeit von:
Dr. rer. nat. Hans-Volker Neidhart
Dr. rer. nat. Rüdiger Philipps
Dipl. Biol. Anke Schumacher
Ass. jur. Carola Vahldiek
Gerhard Wind
Ass. Jur. Verena Wolf

Homepage: http://www.bodenschutzrecht.de

ISBN 978-3-540-41875-7 ISBN 978-3-662-26576-5 (eBook)
DOI 10.1007/978-3-662-26576-5

http://www.springer.de

Ursprünglich erschienen bei Springer-Verlag Berlin Heidelberg New York 2001

Redaktion: J. Schumacher

Ansprechpartner im Verlag: Dr. Christian Witschel, Heidelberg

Herstellung: PRO EDIT GmbH, Heidelberg
Umschlaggestaltung: de'blik, Berlin

Gedruckt auf säurefreiem Papier SPIN: 10778613 30/3130/Di

Vorwort
zum 3. Service Journal

Mit dem 3. Service Journal erhalten Sie die Kommentierung zu § 4 BBodSchV sowie Hinweise bzgl. der Abgrenzungsfragen für die Bereiche Boden - Abfall, Boden - Immissionsschutz, Boden - Wasser und Bodenerosion - Wasser.

Im Vorschriftenteil erfolgt die Aufnahme des Bodenschutzgesetzes Nordrhein-Westfalen nebst der dazugehörenden amtlichen Begründung. Ebenso wurden die Prüf- und Ableitwerte eingefügt. Die zweite (VwV Bodenproben) und dritte Verwaltungsvorschrift (Anorganische Schadstoffe) zum Bodenschutzgesetz Baden-Württemberg sind seit 20. Dezember außer Kraft getreten(GABl. S. 431). Beide Verwaltungsvorschriften bleiben für eine Übergangszeit noch in der Sammlung.

Zuletzt noch ein Hinweis in eigener Sache. Unser Werk „Bodenschutzrecht-Praxis" wird zukünfig bei einem anderen, ebenfalls sehr renommierten Wissenschaftsverlag erscheinen. Aufgrund der Vielzahl der mit dem Bodenschutz tangierten Gesetze - die das Werk in seiner Substanz sprengen würden - haben wir uns entschlossen im Laufe des Jahres 2001 eine CD-ROM mit Gesetzestexten und ca. 250 Gerichtsentscheidungen der Nachlieferung beizulegen.

Anregungen und Kritik sind wie immer willkommen. Zuschriften bitte an

Jochen Schumacher
Ursrainer Ring 81, 72076 Tübingen

Tel.: 07071/6878160
Fax: 07071/6878162
ePost: jochen.schumacher@bodenschutzrecht.de

Tübingen/Saarbrücken/Höchberg, im Februar 2001

Die Herausgeber

Autoren

Hofmann-Hoeppel, Jochen, Dr. jur. utr.
Allerseeweg 18, 97204 Höchberg
eMail: jochen.hofmann-hoeppel@bodenschutzrecht.de

Neidhart, Hans-Volker, Dr. rer. nat.
Niedersächsisches Umweltministerium
Archivstr. 2, 30169 Hannover
eMail: hans-volker.neidhart@mu.niedersachsen.de

Philipps, Rüdiger, Dr. rer. nat.
Dr. H. Marx GmbH,
Gewerbepark 1, 66583 Spiesen-Elversberg
eMail: ruediger.philipps@bodenschutzrecht.de

Schumacher, Anke, Dipl. Biol.
Lehrstuhl für Spezielle Botanik - AG Geobotanik -
Universität Tübingen
Auf der Morgenstelle 1, 72076 Tübingen
eMail: anke.schumacher@uni-tuebingen.de

Schumacher, Jochen, Ass. jur.
Ursrainer Ring 81, 72076 Tübingen
eMail: jochen.schumacher@bodenschutzrecht.de

Vahldiek, Carola, Ass. jur.
Niedersächsisches Umweltministerium
Archivstr. 2, 30169 Hannover

Wagner, Jürgen, Prof. Dr. rer. nat.
Rodenheimweg 15, 66538 Neunkirchen
eMail: juergen.wagner@bodenschutzrecht.de

Wind, Gerhard
Dr. H. Marx GmbH,
Gewerbepark 1, 66583 Spiesen-Elversberg

Wolf, Verena, Ass. jur.
Niedersächsisches Umweltministerium
Archivstr. 2, 30169 Hannover

Inhaltsübersicht Band 1

Inhalt Band 2

Landesbodenschutzgesetz für das Land Nordrhein-Westfalen (Landesbodenschutzgesetz - LbodSchG -)[1]

Vom 9. Mai 2000 (GVBl. S. 2129)

Inhaltsübersicht

---

[1] Beschlossen als Artikel 1 des „Gesetzes zur Ausführung und Ergänzung des Bundes-Bodenschutzgesetzes in Nordrhein-Westfalen“

Erster Teil
Grundsätze

§ 1
Vorsorgegrundsätze

(1) Mit Grund und Boden soll sparsam und schonend umgegangen werden, dabei sind Bodenversiegelungen auf das notwendige Maß zu begrenzen. Böden, welche die Bodenfunktionen nach § 2 Abs. 2 Nrn. 1 und 2 des Bundes-Bodenschutzgesetzes im besonderen Maße erfüllen (§ 12 Abs. 8 Satz 1 Bundes-Bodenschutz- und Altlastenverordnung), sind besonders zu schützen.

(2) Nach Maßgabe des Bundes-Bodenschutzgesetzes, dieses Gesetzes sowie der auf Grund dieser Gesetze erlassenen Rechtsverordnungen sind

1. Vorsorgemaßnahmen gegen das Entstehen schädlicher Bodenveränderungen, insbesondere durch den Eintrag von schädlichen Stoffen, und die damit verbundenen Störungen der natürlichen Bodenfunktionen zu treffen,
2. die Böden vor Erosion, vor Verdichtung und vor anderen nachteiligen Einwirkungen vorsorglich zu schützen.

Zweiter Teil
Bodenschutzrechtliche Pflichten

§ 2
Mitteilungspflichten

(1) Die in § 4 Abs. 3 und 6 BBodSchG genannten Personen sind verpflichtet, Anhaltspunkte (§ 9 Abs. 1 Satz 1 BbodSchG i. V. m. § 3 Abs.1 und 2 Bundes-Bodenschutz- und Altlastenverordnung) für das Vorliegen einer Altlast oder schädlichen Bodenveränderung auf dem Grundstück unverzüglich der zuständigen Behörde mitzuteilen. Die Pflicht nach Satz 1 erstreckt sich bei Baumaßnahmen, Baugrunduntersuchungen oder ähnlichen Eingriffen in den Boden und den Untergrund zusätzlich auch auf Bauherrinnen oder Bauherren.

(2) Wer Materialien auf oder in den Boden nach § 12 Bundes-Bodenschutz- und Altlastenverordnung in einer Gesamtmenge je

Vorhaben von über 800 m³ auf- oder einbringt oder hierzu einen Auftrag erteilt, hat dies der zuständigen Bodenschutzbehörde unter Angabe der Lage der betroffenen Fläche, der Art und des Zwecks der Maßnahme, des Materials sowie dessen Inhaltsstoffe und Menge anzuzeigen, sofern diese Maßnahmen nicht Gegenstand eines verbindlichen Sanierungsplanes nach § 13 Abs. 6 BBodSchG oder einer anderen behördlichen Entscheidung sind, an der die zuständige Bodenschutzbehörde zu beteiligen war. Die Anzeige soll mindestens vier Wochen vor Beginn der Maßnahme bei der zuständigen Bodenschutzbehörde eingehen.

§ 3
Mitwirkungs- und Duldungspflichten, Betretungs- und Untersuchungsrecht

(1) Wer Eigentum an einem Grundstück oder die tatsächlichen Gewalt über ein Grundstück hat oder hatte sowie diejenigen, die auf Grund von Tatsachen in Betracht kommen, eine schädliche Bodenveränderung oder Altlast verursacht zu haben, und deren Gesamtrechtsnachfolgerinnen oder Gesamtrechtsnachfolger haben den Bediensteten der für die Durchführung der Aufgaben des Bundes-Bodenschutzgesetzes, dieses Gesetzes und der auf Grund dieser Gesetze erlassenen Verordnungen zuständigen Behörde und deren Beauftragten auf Verlangen die zur Erfüllung ihrer Aufgaben erforderlichen Auskünfte zu erteilen und die erforderlichen Unterlagen vorzulegen, die diese zur Erfüllung dieser Aufgaben benötigen.

(2) Wer Eigentum an einem Grundstück oder die tatsächlichen Gewalt über ein Grundstück hat, ist verpflichtet, das Betreten und die Besichtigung von Grundstücken sowie von Geschäfts- und Betriebsräumen während der Geschäfts- oder Betriebszeiten, die Erhebung von Bodendaten, die Entnahme von Boden-, Wasser-, Bodenluft-, Deponiegas- und Pflanzenproben, Untersuchungen von Gegenständen und Stoffen sowie die Einrichtung und den Betrieb von Sicherungs- und Überwachungseinrichtungen einschließlich Messstellen und die Vornahme sonstiger technischer Ermittlungen und Prüfungen durch die in Absatz 1 genannten Bediensteten der Behörden und deren Beauftragten zu gestatten und zu dulden, soweit dies

zur Aufgabenerfüllung nach dem Bundes-Bodenschutzgesetz oder diesem Gesetz erforderlich ist. [2]Zur Verhütung von dringenden Gefahren für die öffentliche Sicherheit und Ordnung ist auch der Zutritt zu Geschäfts- und Betriebsräumen außerhalb der Geschäfts- und Betriebszeiten und zu Wohnräumen sowie die Vornahme von Ermittlungen in diesen Räumen zu gewähren, das Grundrecht der Unverletzlichkeit der Wohnung (Artikel 13 des Grundgesetzes) wird insoweit eingeschränkt.

§ 4
Pflichten anderer Behörden und öffentlicher Planungsträger

(1) Behörden, Einrichtungen und sonstige öffentliche Stellen des Landes, die Gemeinden und Gemeindeverbände, der Abfallentsorgungs- und Altlastensanierungsverband und sonstige der Aufsicht des Landes unterstehende juristische Personen des öffentlichen Rechts und deren Vereinigungen haben im Rahmen ihrer Zuständigkeit sowie bei Planung und Ausführung eigener Baumaßnahmen und sonstiger Vorhaben die Belange des Bodenschutzes im Sinne des § 1 BBodSchG und die Vorsorgegrundsätze dieses Gesetzes (§ 1) zu berücksichtigen.

(2) Bei der Aufstellung von Bauleitplänen, bei Planfeststellungsverfahren und Plangenehmigungen haben die damit befassten Stellen im Rahmen der planerischen Abwägung vor der Inanspruchnahme von nicht versiegelten, nicht baulich veränderten oder unbebauten Flächen insbesondere zu prüfen, ob vorrangig eine Wiedernutzung von bereits versiegelten, sanierten, baulich veränderten oder bebauten Flächen möglich ist.

(3) Die in Absatz 1 genannten Stellen haben die ihnen bekannten Anhaltspunkte (§ 9 Abs. 1 Satz 1 BBodSchG i. V. m. § 3 Abs. 1 und 2 Bundes-Bodenschutz- und Altlastenverordnung) dafür, dass eine schädliche Bodenveränderung oder Altlast vorliegt, der zuständigen Bodenschutzbehörde mitzuteilen, soweit sie diese Erkenntnisse nicht im Rahmen ihrer Beratungstätigkeit von Dritten erlangt haben. Soweit bei der Untersuchung, Beurteilung und Sanierung oder bei Durchführung sonstiger Maßnahmen sowie der Überwachung von altlastverdächtigen Flächen und Altlasten weitere Daten, Tatsachen

und Erkenntnisse ermittelt werden oder bereits vorliegen, sind diese der zuständigen Bodenschutzbehörde zur Erfüllung ihrer Aufgaben nach dem Bundes-Bodenschutzgesetz oder diesem Gesetz mitzuteilen.

(4) [1]Die in Absatz 1 genannten Stellen sind ferner verpflichtet, an das Landesumweltamt Daten aus Bodenuntersuchungen im Rahmen der Verwertung von Abfällen, von Umweltverträglichkeitsprüfungen und sonstigen großräumigen Bodenuntersuchungen für Zwecke des Bodeninformationssystems (§ 6) zu übermitteln.

Dritter Teil
Boden- und Altlasteninformationen, gebietsbezogener Bodenschutz

§ 5
Erfassung von schädlichen Bodenveränderungen und Verdachtsflächen

(1) [1]Die zuständigen Behörden erfassen nach pflichtgemäßem Ermessen schädliche Bodenveränderungen und Verdachtsflächen. [2]Dabei sind die für die Erforschung und Abwehr von Gefahren und die für die Feststellung der Ordnungspflichtigen benötigten Daten, Tatsachen und Erkenntnisse zu sammeln und aufzubereiten, für die nach diesem Gesetz oder nach anderen Gesetzen eine Auskunftsverpflichtung besteht. [3]Zu ermitteln sind insbesondere Angaben über Lage, Größe, Nutzung und Eigentumsverhältnisse sowie zu möglichen Belastungsursachen und Gefährdungen.

(2) [1]Zur Erfassung von Verdachtsflächen auf schädliche Bodenveränderungen können für die Gebiete der Gemeinden und Gemeindeverbände Bodenbelastungskarten erstellt werden. [2]Einzelheiten zum Inhalt der Bodenbelastungskarten werden von der obersten Bodenschutzbehörde durch Verwaltungsvorschrift geregelt.

§ 6
Bodeninformationssystem

(1) [1]Beim Landesumweltamt wird ein Fachinformationssystem „Stoffliche Bodenbelastung“ eingerichtet und geführt. [2]In diesem können Daten gespeichert werden, die für die Aufgabenerfüllung nach dem Bundes-Bodenschutzgesetz, nach diesem Gesetz sowie für staatliche und kommunale Planungen mit Bezug zum Boden erforderlich sind. Insbesondere können dort aufgenommen werden Daten über

1. stoffliche Belastungen von Böden einschließlich erforderlicher Angaben zu Bodeneigenschaften,
2. Bodenfunktionsbeeinträchtigungen durch stoffliche Belastungen,
3. Umwelteinwirkungen auf Böden und solche, die von Böden ausgehen oder zu besorgen sind,
4. Bezeichnung, Größe, Nutzung und Lage von Flächen,
5. Bezeichnung der zugrundeliegenden Messprogramme und
6. sonstige Daten, Tatsachen und Erkenntnisse über Verdachtsflächen und schädliche Bodenveränderungen sowie
7. Daten aus Bodenbelastungskarten nach § 5 Abs. 2.

(2) Beim Geologischen Landesamt wird ein Fachinformationssystem „Bodenkunde” eingerichtet und geführt. [2]In diesem werden bodenkundliche und geowissenschaftliche Informationsgrundlagen und deren notwendige Auswertung für eine nachhaltige Sicherung der Funktionen des Bodens bereitgestellt, sofern diese für die Aufgabenerfüllung nach dem Bundes-Bodenschutzgesetz und nach diesem Gesetz sowie für staatliche und kommunale Planungen mit Bezug zum Boden erforderlich sind.

[3]Es kann insbesondere Daten enthalten über

1. physikalische, chemische und biologische Beschaffenheit von Böden,
2. Bodentypen und Bodenfunktionen,
3. Bodenfunktionsbeeinträchtigungen, Bodenversiegelungen, Auf- und Abträge sowie
4. Bezeichnung, Größe, Nutzung und Lage von Flächen.

(3) [1]Um den Zustand und die Veränderung der Beschaffenheit von Böden zu erkennen und zu überwachen, wird ein Netz von Dauerbeobachtungsflächen durch das Landesumweltamt eingerichtet und betreut. [2]Die Dauerbeobachtungsflächen sind auf Veränderungen der physikalischen, chemischen und biologischen Bodenbeschaffenheit in unterschiedlichen zeitlichen Abständen zu untersuchen. [3]Die hierbei gewonnenen Erkenntnisse werden in das Bodeninformationssystem eingestellt. [4]Zu den Dauerbeobachtungsflächen können darüber hinaus die in Absatz 1 und 2 genannten Daten erfasst werden. Einzelheiten der Inanspruchnahme von Flächen zur Einrichtung und zur Betreuung von Flächen nach Satz 1 bleiben vertraglichen Regelungen mit den Grundstückseigentümern oder den Inhabern der tatsächlichen Gewalt vorbehalten. Hierbei sind auch Regelungen für möglicherweise entstehende Schäden vorzusehen.

(4) Das Landesumweltamt wertet die im Bodeninformationssystem enthaltenen Daten aus.

(5) Soweit bei der Durchführung von Untersuchungen nach § 3 Abs. 2 für Zwecke des Bodeninformationssystems unmittelbare Vermögensnachteile entstehen, sind die Betroffenen zu entschädigen.

§ 7
Erhebungen über altlastverdächtige Flächen und Altlasten

(1) Die zuständigen Behörden führen Erhebungen über die in ihren Zuständigkeitsbereich fallenden altlastverdächtigen Flächen und Altlasten durch. Die Erhebungen können zur Klärung der Voraussetzungen nach § 2 Abs. 6 BBodSchG auch auf sonstige Altablagerungen und Altstandorte erstreckt werden.

(2) Bei Erhebungen nach Absatz 1 sind die für die Erforschung und Abwehr von Gefahren und die für die Feststellung der Ordnungspflichtigen benötigten Daten, Tatsachen und Erkenntnisse zu sammeln und aufzubereiten, für die nach diesem Gesetz oder nach anderen Gesetzen eine Auskunftsverpflichtung besteht. Die Erhebungen können sich auch auf sonstige Angaben Dritter erstrecken, sofern diese für den Zweck der Erhebungen erforderlich sind. [3]Die Erhe-

bungen nach Absatz 1 umfassen Daten, Tatsachen und Erkenntnisse über

1. Lage, Größe und Zustand der altlastverdächtigen Flächen und Altlasten,
2. den früheren Betrieb und die stillgelegten Anlagen und Einrichtungen,
3. Art, Menge und Beschaffenheit der Abfälle und Stoffe, die abgelagert worden sein können oder mit denen umgegangen worden sein kann,
4. Umwelteinwirkungen einschließlich möglicher Gefährdungen der Gesundheit, die von den altlastverdächtigen Flächen und Altlasten ausgehen oder zu besorgen sind,
5. frühere, bestehende und geplante Nutzungen der altlastverdächtigen Flächen und Altlasten und ihrem Einwirkungsbereich,
6. Personen, die Eigentum und Nutzungsrechte an dem Grundstück haben oder hatten, und über die Inhaberschaft stillgelegter Abfallentsorgungsanlagen oder sonstiger stillgelegter Anlagen sowie
7. die sonstigen für die Erforschung und Abwehr von Gefahren und die Feststellung von Ordnungspflichtigen bedeutsamen Sachverhalte und Rechtsverhältnisse.

(3) Soweit die vorstehenden Absätze die Zulässigkeit der Datenerhebung nicht regeln, gilt § 24 Nr. 1 des Ordnungsbehördengesetzes des Landes Nordrhein-Westfalen.

§ 8
Kataster über altlastverdächtige Flächen und Altlasten

[1]Die zuständigen Behörden führen ein Kataster über die in ihren Zuständigkeitsbereich fallenden altlastverdächtigen Flächen und Altlasten. [2]In die Kataster sind die Daten, Tatsachen und Erkenntnisse aufzunehmen, die über die altlastverdächtigen Flächen und Altlasten erhoben und bei deren Untersuchung, Beurteilung und Sanierung sowie bei der Durchführung sonstiger Maßnahmen oder der Überwachung ermittelt werden. [3]Daten über Altablagerungen und Altstandorte, die nach der Bewertung durch die zuständige Behörde die Voraussetzungen des § 2 Abs. 5 und 6 BBodSchG nicht oder nicht

mehr erfüllen, können mit besonderer Kennzeichnung nachrichtlich aufgenommen werden, soweit dies für die Aufgabenerfüllung der in § 10 genannten Behörden und öffentlichen Stellen erforderlich ist. [4]Die Kataster sind laufend fortzuschreiben.

§ 9
Übermittlung der erfassten Daten, Aufbewahrungsdauer

(1) [1]Die zuständigen Behörden übermitteln regelmäßig die nach §§ 5 und 7 erhobenen Daten, Tatsachen und Erkenntnisse, die Inhalte des Katasters nach § 8 und die Daten zu den in § 6 Abs. 1 genannten Kriterien dem Landesumweltamt, soweit diese für die Führung des Bodeninformationssystems nach § 6 oder die Aufgabenwahrnehmung der in § 10 genannten Behörden und öffentlichen Stellen des Landes benötigt werden. [2]Die übermittelten Inhalte werden von der zuständigen Behörde in Dateien geführt und in Karten dargestellt. [3]Das Ministerium für Umwelt, Raumordnung und Landwirtschaft kann in einer Rechtsverordnung nähere Regelungen für die Übermittlung nach Satz 1 treffen, insbesondere über den Umfang der zu übermittelnden Inhalte, über die Form der Übermittlung einschließlich eines automatisierten Verfahrens, sowie über die erforderlichen Maßnahmen der Datensicherheit. [4]Die Staatlichen Umweltämter unterstützen die zuständige Behörde bei dem Führen der Dateien nach Satz 2.

(2) [1]Für den Inhalt des Bodeninformationssystems (§ 6), der Kataster (§ 8) und der Dateien und Karten nach Absatz 1 besteht eine zeitlich unbeschränkte Aufbewahrungspflicht; dies gilt nicht für personenbezogene Daten, deren Aufbewahrung für die Aufgabenerfüllung nicht mehr erforderlich ist. [2]Weitere Ausnahmen kann die jeweils nächsthöhere Bodenschutzbehörde sowie die oberste Bodenschutzbehörde gegenüber dem Landesumweltamt zulassen.

§ 10
Weitergabe von Daten, Zugang zu Daten

(1) [1]Die im Bodeninformationssystem (§ 6), den Katastern (§ 8) oder den Dateien und Karten (§ 9) enthaltenen Daten können an

1. Behörden, die Aufgaben nach dem Bundes-Bodenschutzgesetz oder diesem Gesetz wahrnehmen,
2. Staatliche Umweltämter sowie an
3. Kreise und kreisfreie Städte, soweit diese Aufgaben auf dem Gebiet des Wasser-, Abfall-, Immissionsschutz- oder Naturschutzrechts wahrnehmen,

zur Wahrnehmung der in ihrer Zuständigkeit liegenden Aufgaben regelmäßig, insbesondere auch durch Einrichtung eines automatisierten Verfahrens, das einen Abruf ermöglicht, übermittelt werden. [2]Das Ministerium für Umwelt, Raumordnung und Landwirtschaft legt die Datenempfänger, die Datenart und den Zweck des Abrufes sowie die erforderlichen Maßnahmen der Datensicherheit in einer Rechtsverordnung fest.

(2) Die Daten sind außerdem auf Ersuchen von

1. Stellen der staatlichen Forst- und Naturschutzverwaltung sowie Agrarordnungsverwaltung,
2. Stellen der staatlichen Landwirtschaftsverwaltung,
3. Gesundheitsämtern,
4. Bauaufsichtsbehörden und Gemeinden als Träger der Bauleitplanung sowie staatlichen Stellen für die Ausführung und Planung von Baumaßnahmen,
5. dem Abfallentsorgungs- und Altlastensanierungsverband und
6. sondergesetzlich geregelten Wasser- und Bodenverbänden

zu übermitteln, soweit dies zur Erfüllung ihrer Aufgaben erforderlich ist.

(3) Ein Anspruch auf freien Zugang zu den im Bodeninformationssystem (§ 6), in den Katastern (§ 8) oder den Dateien und Karten (§ 9) enthaltenen bodenbezogenen Daten wird nach den Vorschriften des Umweltinformationsgesetzes gewährt.

(4) [1]Die zuständige Behörde hat denjenigen, in deren Eigentum ein Grundstück steht, die Aufnahme des Grundstücks in ein Kataster über altlastverdächtige Flächen und Altlasten (§ 8) oder ein entsprechendes Verzeichnis für schädliche Bodenveränderungen und Verdachtsflächen sowie eine wesentliche Veränderung der gespeicherten Daten mitzuteilen und ihnen Gelegenheit zur Stellungnahme zu geben. [2]Sie können die Berichtigung oder Löschung der über ein Grundstück vorhandenen Daten verlangen, wenn diese unrichtig sind.

§ 11
Information der Betroffenen und der Öffentlichkeit

(1) Ist der Kreis der nach § 12 Satz 1 BBodSchG zu informierenden Betroffenen nicht im vollen Umfang bekannt, sind die Unterlagen von der zuständigen Behörde nach ortsüblicher Bekanntmachung über den Ort und die Zeit der Auslegung einen Monat zur Einsichtnahme auszulegen.

(2) Die zuständige Behörde kann für altlastverdächtige Flächen oder Altlasten, bei deren Sanierung besonders schwerwiegende Auswirkungen auf die Nachbarschaft zu erwarten sind, einen Beirat unter Beteiligung der zuständigen Fachbehörden, der betroffenen Gemeinden, der verantwortlichen Personen im Sinne des § 4 Abs. 3, 5 und 6 BBodSchG und der Personen, die die betroffenen Dritten vertreten, bilden. Der Beirat berät die zuständige Behörde. Bedenken und Anregungen sind möglichst frühzeitig zu erörtern.

(3) [1]Die zuständige Behörde soll die Öffentlichkeit insbesondere über

1. Art und Ausmaß bestehender schädlicher Bodenveränderungen und ihre Auswirkungen,
2. Art und Ausmaß eingetretener oder drohender schädlicher Bodenveränderungen und hierdurch verursachter Gewässerverunreinigungen nach Schadensfällen oder Betriebsstörungen

unterrichten, sofern hieran ein besonderes öffentliches Interesse besteht. [2]Eine Unterrichtung darf auch eine Bekanntgabe von Namen, Berufsbezeichnung oder Firma einer natürlichen Person oder den Firmennamen sowie die Branchen- und Geschäftsbezeichnung einer juristischen Person enthalten, soweit nicht das schutzwürdige Interesse der Betroffenen an einer Geheimhaltung überwiegt.

§ 12
Bodenschutzgebiete

(1) Die zuständige Behörde kann zum Schutz oder zur Sanierung des Bodens, aus Gründen der Abwehr von Gefahren für die menschliche Gesundheit sowie von Gefahren für die natürlichen Bodenfunktionen oder die Funktionen des Bodens als Archiv der Natur- und Kulturgeschichte durch Rechtsverordnung Bodenschutzgebiete festlegen für Gebiete, in denen flächenhaft

a) schädliche Bodenveränderungen bestehen,

b) das Entstehen von schädlichen Bodenveränderungen wegen der Überschreitung von Vorsorgewerten, die auf Grund einer Rechtsverordnung gemäß § 8 Abs. 2 Nr. 1 BBodSchG bestimmt wurden, zu besorgen ist, oder

c) besonders schutzwürdige Böden (§ 12 Abs. 8 Satz 1 Bundes-Bodenschutz- und Altlastenverordnung) vor schädlichen Einwirkungen zu schützen sind.

(2) [1]In der Rechtsverordnung sind die räumliche Abgrenzung, der wesentliche Zweck und die erforderlichen Verbote, Sanierungs-, Schutz- und Beschränkungsmaßnahmen zu bestimmen. [2]Dort kann vorgeschrieben werden, dass

1. der Boden auf Dauer oder je nach Art und Ausmaß der schädlichen Bodenveränderung oder der besonderen Schutzwürdigkeit auf bestimmte Zeit nicht oder nur eingeschränkt genutzt werden darf,
2. bestimmte Stoffe nicht eingesetzt werden dürfen,
3. nach Maßgabe der Rechtsverordnung zu § 6 BBodSchG Materialien nicht auf- oder eingebracht werden dürfen,
4. neben den Maßnahmen zur Gefahrenabwehr auch Maßnahmen zur Verhinderung des Entstehens von schädlichen Bodenveränderungen von den in § 3 Abs. 2 genannten Personen zu dulden oder durchzuführen sind.

[3]Die räumlichen Grenzen des Bodenschutzgebietes sind in einer Karte in einem dafür geeigneten Maßstab darzustellen.

(3) [1]Vor dem Erlass einer Rechtsverordnung nach Absatz 1 hat die zuständige Behörde den Entwurf den Behörden und Stellen, die als Träger öffentlicher Belange von der Verordnung berührt werden können, den in Nordrhein-Westfalen anerkannten Naturschutzverbänden, den jeweiligen Stadt- und Kreissportbünden sowie den betroffenen Gemeinden zur Stellungnahme zuzuleiten. [2]Soweit Flächen in einem zur Ausweisung vorgesehenen Gebiet landwirtschaftlich, forstwirtschaftlich oder gartenbaulich genutzt werden, ist auch den jeweilig örtlich zuständigen Kreisstellen der Landwirtschaftskammer und unteren Forstbehörden ein Entwurf der Rechtsverordnung zur Stellungnahme zuzuleiten. [3]Die Stellungnahme ist innerhalb von drei Monaten nach Zugang des Entwurfs gegenüber der zuständigen Behörde abzugeben.

(4) [1]Die zuständige Behörde hat den Entwurf der Rechtsverordnung, bei Verweisungen auf eine Karte auch diese, auf die Dauer eines Monats zur Einsicht während der Sprechzeiten öffentlich auszulegen. [2]Ort und Dauer der Auslegung sind mindestens eine Woche vorher in der für Verordnungen der betroffenen Gebietskörperschaften bestimmten Form der Verkündung bekanntzumachen. [3]In der Bekanntmachung ist darauf hinzuweisen, dass Bedenken und Anregungen bei der zuständigen Behörde während der Auslegungsfrist vorgebracht werden können.

(5) Auf eine Auslegung kann verzichtet werden, wenn der Kreis der Betroffenen bekannt ist und ihnen innerhalb angemessener Frist Gelegenheit gegeben wird, den Entwurf der Rechtsverordnung einzusehen.

(6) [1]Die zuständige Behörde teilt das Ergebnis der Prüfung der fristgemäß vorgebrachten Einwände oder Anregungen, soweit sie nicht berücksichtigt werden, den Einwendenden mit. [2]Haben mehr als fünfzig Personen Bedenken und Anregungen vorgebracht, so kann die Mitteilung des Ergebnisses der Prüfung dadurch ersetzt werden, dass diesen Personen eine Einsicht in das Ergebnis der Prüfung ermöglicht wird. [3]Bei welcher Stelle das Ergebnis der Prüfung während

der Dienststunden eingesehen werden kann, ist ortsüblich bekanntzumachen.

(7) Das Verfahren nach den Absätzen 3 bis 6 wird nicht angewandt, wenn eine Rechtsverordnung nach Absatz 1 geändert oder neu erlassen wird, ohne dass die Schutzbestimmungen geändert werden oder das Gebiet räumlich erweitert wird.

(8) [1]Wenn es das Wohl der Allgemeinheit erfordert, kann die zuständige Behörde vorläufige Anordnungen nach § 15 Abs. 2 treffen, wenn die Bekanntmachung nach Absatz 5 erfolgt oder Gelegenheit zur Einsichtnahme nach Absatz 6 gegeben worden ist. [2]Die Anordnungen sind öffentlich bekanntzugeben, sofern sie in der Form von Verwaltungsakten ergehen und den Betroffenen nicht gesondert zugestellt werden.

(9) [1]Wenn die Bestimmungen einer Bodenschutzgebietsverordnung nach Absatz 1 oder hierauf beruhende Maßnahmen nach Absatz 2 zu einer unbeabsichtigten Härte oder zu unverhältnismäßigen Belastungen der Personen, die Eigentum an betroffenen Grundstücken haben oder nutzungsberechtigt sind, führen würden, hat die zuständige Behörde auf Antrag eine Befreiung von der Verpflichtung zu erteilen. [2]Sofern Maßnahmen nach Absatz 2 die land- und forstwirtschaftliche Bodennutzung oder die Bewirtschaftung von Böden beschränken, gilt § 10 Absatz 2 BBodSchG entsprechend.

Vierter Teil
Vollzug des Bodenschutzrechts

§ 13
Bodenschutzbehörden

(1) Oberste Bodenschutzbehörde ist das Ministerium für Umwelt, Raumordnung und Landwirtschaft, obere Bodenschutzbehörde die Bezirksregierung, untere Bodenschutzbehörde die Kreisordnungsbehörde.

(2) Bei Flächen, die der Bergaufsicht unterliegen, ist obere Bodenschutzbehörde das Landesoberbergamt, untere Bodenschutzbehörde das Bergamt.

(3) [1]Die Aufsicht über die unteren Bodenschutzbehörden führt die obere Bodenschutzbehörde. [2]Die Aufsicht über die oberen Bodenschutzbehörden führt die oberste Bodenschutzbehörde.

(4) Die Kreise und kreisfreien Städte nehmen auch die Aufgaben der unteren Bodenschutzbehörde, die nicht Aufgaben der Gefahrenabwehr sind, als Pflichtaufgaben zur Erfüllung nach Weisung wahr.

§ 14
Sonstige Behörden des Bodenschutzes

(1) Das Landesumweltamt hat im Zusammenwirken mit dem Geologischen Landesamt und anderen für die Ermittlung von Grundlagen des Bodenschutzes zuständigen Stellen des Landes

1. die wissenschaftlichen Grundlagen für den Bodenschutz zu erarbeiten,
2. sonstige Informationen zur Bodenverbreitung, zum Bodenzustand, insbesondere zur Belastung des Bodens, und zur Bodenentwicklung zu erfassen,
3. die fachlichen Grundlagen für die Erforschung und Abwehr von Gefahren, die von schädlichen Bodenveränderungen und Altlasten ausgehen können, zu ermitteln,
4. den Stand der für die Gefahrenabwehr gegenüber schädlichen Bodenveränderungen und Altlasten bedeutsamen Technik zu ermitteln und sich an dessen Entwicklung zu beteiligen,
5. Grundlagen für gebietsbezogene Maßnahmen nach Maßgabe der Bundes-Bodenschutz- und Altlastenverordnung zu erarbeiten.

(2) Die oberste und die oberen Bodenschutzbehörden werden auf deren Ersuchen beim Vollzug des Bundes-Bodenschutzgesetzes, dieses Gesetzes und der auf diese Gesetze gestützten Rechtsverordnungen vom Landesumweltamt und vom Geologischen Landesamt unterstützt, soweit es sich um Maßnahmen von überregionaler oder grundsätzlicher Bedeutung handelt.

(3) Die obere Bodenschutzbehörde wird beim Vollzug des Bundes-Bodenschutzgesetzes, dieses Gesetzes und der auf diese Gesetze gestützten Rechtsverordnungen durch die Staatlichen Umweltämter

unterstützt, soweit eine besondere fachliche Beurteilung erforderlich ist.

§ 15
Aufgaben der Behörden und Eingriffsbefugnis

(1) Die zuständigen Behörden haben als Sonderordnungsbehörden (§ 12 Ordnungsbehördengesetz - OBG) darüber zu wachen, dass die Bestimmungen des Bundes-Bodenschutzgesetzes, dieses Gesetzes und der auf die vorgenannten Gesetze gestützten Rechtsverordnungen eingehalten und auferlegte Verpflichtungen erfüllt werden.

(2) [1]Zur Erfüllung der sich aus dem zweiten bis fünften Teil dieses Gesetzes und der auf Grundlage dieses Gesetzes ergangenen Rechtsverordnungen ergebenden Pflichten kann die zuständige Behörde die notwendigen Anordnungen treffen. [2]Die Kosten der auf Grund dieses Gesetzes angeordneten Maßnahmen tragen die zur Durchführung Verpflichteten, im Übrigen gilt § 24 BBodSchG entsprechend.

(3) [1]Bei schädlichen Bodenveränderungen, von denen auf Grund von Art, Ausbreitung oder Menge der Schadstoffe in besonderem Maße Gefahren, erhebliche Nachteile oder erhebliche Belästigungen für den Einzelnen oder die Allgemeinheit ausgehen, kann die zuständige Behörde die Information der Betroffenen, Sanierungsuntersuchungen, die Erstellung von Sanierungplänen und die Durchführung von Eigenkontrollmaßnahmen verlangen und ergänzende Anordnungen treffen. [2]Die §§ 13 bis 15 und 24 BBodSchG sowie § 6 in Verbindung mit Anhang 3 Bundes-Bodenschutz- und Altlastenverordnung gelten entsprechend.

(4) Bei der Erfüllung ihrer Aufgaben können sich die zuständigen Behörden Dritter, insbesondere Sachverständiger und Untersuchungsstellen im Sinne des § 18 BBodSchG und des § 17 dieses Gesetzes bedienen.

§ 16
Bestimmung der zuständigen Behörde

(1) Das Ministerium für Umwelt, Raumordnung und Landwirtschaft wird ermächtigt, nach Anhörung der zuständigen Ausschüsse des Landtags durch Rechtsverordnung die Zuständigkeiten beim Vollzug dieses Gesetzes und der auf Grund dieses Gesetzes erlassenen Rechtsverordnungen zu bestimmen.

(2) Ist in derselben Sache die örtliche oder sachliche Zuständigkeit mehrerer Behörden begründet oder ist es zweckmäßig, eine Angelegenheit in benachbarten Bezirken einheitlich zu regeln, kann die gemeinsame nächsthöhere Behörde die zuständige Behörde bestimmen.

(3) Ist auch die Behörde eines anderen Landes zuständig, kann die Landesregierung mit der zuständigen Behörde des anderen Landes die gemeinsam zuständige Behörde vereinbaren.

§ 17
Sachverständige und Untersuchungsstellen (zu § 18 BBodSchG)

(1) Sachverständige und Untersuchungsstellen, die Aufgaben nach dem Bundes-Bodenschutzgesetz oder nach diesem Gesetz wahrnehmen sollen, müssen die für diese Aufgaben erforderliche Sachkunde und Zuverlässigkeit besitzen sowie über die erforderliche gerätetechnische Ausstattung verfügen.

(2) [1]Das Ministerium für Umwelt, Raumordnung und Landwirtschaft wird ermächtigt, soweit Fragen des Gesundheitsschutzes betroffen sind im Einvernehmen mit dem für Gesundheitsschutz zuständigen Ministerium, durch Rechtsverordnung

1. Einzelheiten der an Sachverständige und Untersuchungsstellen nach § 18 Satz 1 BBodSchG und diesem Gesetz zu stellenden Anforderungen,
2. das Verfahren zum Nachweis der Anforderungen,
3. Art und Umfang der von ihnen wahrzunehmenden Aufgaben,
4. die Vorlage der Ergebnisse ihrer Tätigkeit

festzulegen. [2]In der Rechtsverordnung können auch die von Sachverständigen oder den Leitern von Untersuchungsstellen zu erfüllenden persönlichen Voraussetzungen und sonstige bei Ausübung ihrer Tätigkeit einzuhaltende Verpflichtungen geregelt werden.

(3) Sachverständige und Untersuchungsstellen, die nachweisen, dass sie den in der Rechtsverordnung nach Absatz 2 festgelegten Anforderungen genügen, werden auf Antrag durch die zuständige Behörde oder von einer durch die Rechtsverordnung bestimmte Stelle zugelassen. [2]Die Zulassung kann befristet und auf bestimmte Aufgabenbereiche beschränkt werden. Die Bekanntgabe der zugelassenen Sachverständigen und Untersuchungsstellen sowie die Voraussetzungen für Befristung, Widerruf und Erlöschen der Zulassung werden in der Rechtsverordnung nach Absatz 2 geregelt.

(4) [1]Zulassungen von Sachverständigen und Untersuchungsstellen durch andere Länder in der Bundesrepublik Deutschland werden anerkannt, wenn die jeweils geltenden Anforderungen vergleichbar sind. [2]Näheres wird in der Rechtsverordnung nach Absatz 2 geregelt.

§ 18
Ergänzende Verwaltungsvorschriften

Die oberste Bodenschutzbehörde kann bis zum Inkrafttreten einer Rechtsverordnung nach § 5 Satz 1 BBodSchG Einzelheiten zu Anordnungen einer Entsiegelung im Einzelfall (§ 5 Satz 3 BBodSchG) durch eine Verwaltungsvorschrift im Einvernehmen mit den betroffenen Ressorts regeln und Verwaltungsvorschriften zu Werten und Anforderungen nach § 8 Abs. 1 BBodSchG zum Zwecke der Gefahrenabwehr, soweit diese in einer auf Grundlage des Bundes-Bodenschutzgesetzes ergehenden Verordnung der Bundesregierung nicht festgelegt sind, erlassen.

Fünfter Teil
Schlussvorschriften

§ 19
Ausgleich für Nutzungsbeschränkungen
(zu § 10 Abs. 2 BBodSchG)

(1) [1]Die Festsetzung des Ausgleichs nach § 10 Abs. 2 BBodSchG erfolgt auf Antrag durch die zuständige Behörde. [2]Die Behörde kann die zur Festsetzung des Ausgleichs erforderlichen Auskünfte und Einsicht in die Betriebsunterlagen verlangen.

(2) [1]Der Ausgleich ist, sofern nichts anderes vereinbart ist, durch eine jährlich zum 1. März für die Zeit der Nutzungsbeschränkung des vorhergehenden Kalenderjahres fällige Geldleistung zu gewähren. [2]Ein Anspruch besteht nicht, soweit die wirtschaftlichen Nachteile durch andere Leistungen für die Beschränkung der land- und forstwirtschaftlichen Nutzung eines Grundstücks aus öffentlichen Haushalten oder von Dritten ausgeglichen werden.

(3) [1]Der Anspruch verjährt in drei Jahren. [2]Die Verjährungsfrist beginnt jeweils mit dem Ende des Kalenderjahres, für den der Anspruch hätte geltend gemacht werden können.

(4) [1]Für Streitigkeiten steht der Rechtsweg vor den ordentlichen Gerichten offen.

§ 20
Ordnungswidrigkeiten

(1) Ordnungswidrig handelt, wer vorsätzlich oder fahrlässig

1. entgegen § 2 Abs. 1 eine Meldung nicht oder nicht unverzüglich erstattet,
2. entgegen § 2 Abs. 2 das Auf- und Einbringen von Materialien auf oder in den Boden oder eine Beauftragung hierzu nicht, nicht vollständig, nicht richtig oder nicht rechtzeitig anzeigt,
3. entgegen § 3 Abs. 1 verlangte Auskünfte nicht, nicht richtig, nicht vollständig oder nicht rechtzeitig erteilt oder erforderliche Unterlagen nicht vorlegt,
4. entgegen § 3 Abs. 2 den Zutritt zu Grundstücken und Wohnräumen und die Vornahme von Ermittlungen sowie die Entnahme von Bodenproben nicht gestattet oder duldet,
5. einer Rechtsverordnung nach § 12 oder § 17 Abs. 2 oder einer vollziehbaren Anordnung auf Grund einer solchen Rechtsverordnung zuwiderhandelt, soweit die Rechtsverordnung für einen bestimmten Tatbestand auf diese Bußgeldvorschrift verweist oder
6. einer vollziehbaren Anordnung nach § 15 Abs. 2 zuwiderhandelt.

(2) Ordnungswidrigkeiten nach Absatz 1 können mit einer Geldbuße bis zu 50 000 EURO (bis zum 31.12.2001: 100.000 DM) geahndet werden.

(3) Verwaltungsbehörde im Sinne von § 36 Abs. 1 Nr. 1 des Gesetzes über Ordnungswidrigkeiten ist bei Ordnungswidrigkeiten nach diesem Gesetz die jeweils für die Vollzugsaufgabe zuständige Bodenschutzbehörde.

Gesetz zur Ausführung und Ergänzung des Bundes-Bodenschutzgesetzes in Nordrhein - Westfalen

Begründung

A. Allgemeine Begründung

I. Auswirkungen des Bundes-Bodenschutzgesetzes

Am 1.3.1999 ist das am 24.3.1998 verkündete Gesetz zum Schutz des Bodens vom 17.3.1998 (BGBl. I S. 502) mit Ausnahme der bereits am Tage nach der Verkündung in Kraft getretenen Vorschriften, die zum Erlass von Rechtsverordnungen ermächtigen, in Kraft getreten. Schwerpunkt des Gesetzes bildet das Bundes-Bodenschutzgesetz (BBodSchG), in dessen Mittelpunkt der nachhaltige Schutz der Funktionen des Bodens steht. Dort werden Pflichten zur Vorsorge gegen das Entstehen von schädlichen Bodenveränderungen und zur Sanierung von schädlichen Bodenveränderungen und Altlasten begründet. Diese Pflichten können durch behördliche Anordnungen durchgesetzt werden.

Inzwischen hat auch die Bundes-Bodenschutz- und Altlastenverordnung (BBodSchV) mit der Verkündung am 16.7.1999 Geltungskraft erlangt (BGBl. I S. 1554).

Durch das Bundes-Bodenschutzgesetz werden entgegenstehende oder gleichlautende landesrechtliche Regelungen unwirksam, soweit der Bund von seiner konkurrierenden Gesetzgebungskompetenz Gebrauch macht. Bei Widersprüchen zwischen Bundes- und Landesrecht sind die Länder zur Anpassung ihrer Vorschriften verpflichtet. Unabhängig davon bleiben Räume für landesrechtliche Regelungen erhalten. Diese liegen insbesondere in den Bereichen, in denen das Bundes-Bodenschutzgesetz vorsieht, dass die Länder Vorschriften erlassen können und darüber hinaus dort, wo das Bundes-Bodenschutzgesetz ausdrücklich oder stillschweigend ungeregelte Bereiche (sog. Gesetzeslücken) enthält. Neben diesen für den Vollzug des Bundes-Bodenschutzgesetzes dringend erforderlichen Regelungen, bestehen noch Regelungsmöglichkeiten in Bereichen, die nicht in die konkurrierende Gesetzgebungszuständigkeit des Bundes fallen.

II. Regelungsbedarf im Gesetz zur Ausführung und Ergänzung des Gesetzes zum Schutz des Bodens in Nordrhein-Westfalen

Mit dem Gesetz zur Ausführung und Ergänzung des Gesetzes zum Schutz des Bodens in Nordrhein-Westfalen soll das im Wesentlichen zum 1.3.1999 in Kraft getretene neue Bundes-Bodenschutzrecht umgesetzt und ergänzt werden.

Neben der Umsetzung der im Bundes-Bodenschutzgesetz enthaltenen ausdrücklichen Ermächtigungen für Regelungen der Länder wird auch der im Rahmen der Gesetzgebungszuständigkeit des Bundes für den Landesgesetzgeber verbleibende rechtliche Gestaltungsraum in den Bereichen, die der Bundesgesetzgeber ausdrücklich oder stillschweigend ungeregelt ließ oder die nicht in die konkurrierende Gesetzgebungszuständigkeit des Bundes fallen, wahrgenommen.

Hieraus resultieren folgende Regelungsbereiche dieses Gesetzes:

1. Konkretisierung der Vorsorgegrundsätze des Bodenschutzes, insbesondere im Hinblick auf den quantitativen Bodenschutz.
2. Auferlegung von Mitwirkungs- und Duldungspflichten, deren Regelung vom Bund den Ländern überlassen wurde.
   - Insbesondere haben der Verursacher, Grundstückseigentümer und Inhaber der tatsächlichen Gewalt über ein Grundstück der zuständigen Bodenschutzbehörde Anhaltspunkte für eine schädliche Bodenveränderung oder Altlast mitzuteilen. Diese sind ferner auf Verlangen zur Auskunft verpflichtet und haben erforderliche Unterlagen vorzulegen. Auskünfte, die den Betroffenen oder Angehörigen der Gefahr einer strafrechtlichen Verfolgung aussetzen würden, können verweigert werden.
   - Ferner wird den Bodenschutzbehörden und deren Beauftragten ein Betretungsrecht gewährt und sind die Einrichtung von Messstellen und die Entnahme von Bodenproben zu dulden. Entschädigungsregelungen sind für bestimmte Fälle vorgesehen.
3. Verpflichtung für Behörden, Körperschaften, Anstalten, Stiftungen und sonstige Einrichtungen des Landes zur Beachtung der Belange des Bodenschutzes bei Planungen, Baumaßnahmen und sonstigen Vorhaben und zur Mitteilung an die zuständige Behörde

bei Anhaltspunkten für das Vorliegen einer schädlichen Bodenveränderung oder Altlast.

4. Beteiligung der zuständigen Bodenschutzbehörden bei Planungsverfahren, behördlichen Gestattungen und sonstigen Vorhaben, die wesentliche Belange des Bodenschutzes berühren.
5. Einrichtung von Dauerbeobachtungsflächen und Einrichtung eines Bodeninformationssystems (§ 21 Abs. 4 BBodSchG).
6. Überführung und Anpassung der bislang im Landesabfallgesetz enthaltenen Vorschriften über Altlasten in das Landesbodenschutzgesetz, zur Ausfüllung der altlastenrechtlichen Regelungen des Bundes-Bodenschutzgesetzes. Grundlagen dafür sind u. a. die §§ 11 (Erfassung) und 21 Abs. 1 und 2 (ergänzende Verfahrensregelungen) BBodSchG. Insbesondere Übernahme der bislang im Landesabfallgesetz enthaltenen Regelungen über die für Altlasten und altlastverdächtigen Flächen maßgeblichen Kataster, Dateien und Karten, sowie Festlegung von Mindestanforderungen der dort aufzunehmenden Informationen.
7. Regelung der Datenerhebung, -weitergabe und des Datenschutzes in Bezug auf bodenschutzrelevante Daten sowie der Auskunftsansprüche der Betroffenen und Dritter und der Information der Öffentlichkeit.
8. Möglichkeit der Ausweisung von Gebieten, in denen flächenhaft schädliche Bodenveränderungen (z. B. durch Schadstoffe aus der Luft) auftreten, zu erwarten oder besonders schutzwürdige Böden zu erhalten sind, verbunden mit der Bestimmung der dort durchzuführenden Maßnahmen, als gebietsbezogene Maßnahme im Sinne des § 21 Abs. 3 BBodSchG.
9. Bestimmungen zum Aufbau der Bodenschutzbehörden und deren Aufgaben beim Vollzug des Bodenschutzes. Neben der Überwachung des Bodenzustandes sind insbesondere die Einhaltung der Vorschriften des Bundes-Bodenschutzgesetzes, des Landesbodenschutzgesetzes und hierauf beruhender Verordnungen sowie die Erfüllung auferlegter Verpflichtungen zu überwachen.
10. Regelung, dass Flächen, bei denen der Verdacht einer schädlichen Bodenveränderung besteht, und die nicht Altlasten-/altlastverdächtige Flächen sind, ebenfalls

- von der zuständigen Behörde zu erfassen und
- von den Verpflichteten der zuständigen Behörde mitzuteilen sind sowie
- dass bei bestimmten schädlichen Bodenveränderungen, von denen in besonderem Maße Gefahren ausgehen,
  - Sanierungsuntersuchungen,
  - die Durchführung von Eigenkontrollmaßnahmen verlangt werden können (§ 21 Abs. 2 BBodSchG).

11. Verordnungsermächtigung zur Regelung von Einzelheiten für Anforderungen an Sachverständige und Untersuchungsstellen (Ausfüllung der Ermächtigung in § 18 BBodSchG).
12. Maßgaben zum Ausgleichsanspruch gemäß § 10 Abs. 2 BBodSchG bei Beschränkungen der land- und forstwirtschaftlichen Nutzung im Falle einer besonderen Härte.
13. Anpassung anderer Landesgesetze an die geänderte Rechtslage.

B. Zu den einzelnen Vorschriften:

1. Zu § 1 LBodSchG
(Vorsorgegrundsätze)

Neben dem stofflichen Bodenschutz, der im Bundes-Bodenschutzgesetz und der Bundes-Bodenschutz- und Altlastenverordnung schwerpunktmäßig geregelt ist, kommt dem zunehmenden Flächenverbrauch eine besondere Bedeutung zu. Es werden daher für das Land im Landesbodenschutzgesetz Vorsorgegrundsätze des Bodenschutzes im Zusammenhang mit dem Flächenverbrauch bestimmt, die Zweck und Grundsätze des Bundes-Bodenschutzgesetzes (§ 1) konkretisieren. Sie entsprechen den im Baugesetzbuch und im Raumordnungsgesetz enthaltenen Grundsätzen zum Umgang mit dem Boden. Eigenständige unmittelbare Rechtspflichten werden hierdurch - wie bei den Grundsätzen des § 1 BBodSchG für die Verpflichteten gemäß § 4 Abs. 3 und 6 BBodSchG - nicht begründet. Insoweit wird ergänzend auf die Begründung zu § 4 verwiesen. Weiterhin wird neben der Erfassung, Untersuchung, Bewertung und Abwehr von Veränderungen der physikalischen, chemischen oder biologischen Beschaffenheit des Bodens ein besonderer Schwerpunkt auf den Erhalt schutzwürdiger Böden gelegt, die die im Bundes-Bodenschutzgesetz bezeichneten natürlichen Funktionen (§ 2 Abs. 2 Nr. 1) und die Funktionen als Archiv der Natur- und Kulturgeschichte in besonderem Maße erfüllen (§ 12 Abs.8 Satz 1 Bundes-Bodenschutz- und Altlastenverordnung).

2. Zu § 2 LBodSchG (Mitteilungspflichten)

Zu Abs. 1:

Um einen ordnungsgemäßen Vollzug des Bundes-Bodenschutzgesetzes und dieses Gesetzes im Bereich der Gefahrenabwehr gewährleisten zu können, benötigt die zuständige Behörde möglichst frühzeitig Informationen darüber, wo möglicherweise schädliche Bodenveränderungen oder Altlasten vorliegen. In Absatz 1 werden die dort genannten Personen in Anlehnung an die bisher bestehenden Vorschriften des Siebten Teils des Landesabfallgesetzes verpflichtet. Anhaltspunkte für eine schädliche Bodenveränderung unverzüglich der zuständigen Behörde mitzuteilen. Wann Anhaltspunkte für eine Altlast oder eine schädliche Bodenveränderung vorliegen, wird in § 3 Abs. 1 und 2 BBodSchV näher beschrieben. Insbesondere liegen danach Anhaltspunkte für eine Gefährdung der in § 2 Abs. 2 BBodSchG definierten Bodenfunktionen vor, wenn allgemeine oder konkrete Hinweise auf stoffliche Einträge oder Veränderungen der chemisch-physikalischen Bodeneigenschaften bestehen. Eine Regelung zur Mitteilungspflicht war bezüglich der Ablagerung von überwachungsbedürftigen und besonders überwachungsbedürftigen Abfällen bereits im § 29 Abs. 4 LAbfG enthalten. Nunmehr wird gemäß dem Bundes-Bodenschutzgesetz eine umfassendere Regelung, die auch für schädliche Bodenveränderungen gilt, geschaffen. Auf Grund der Meldung kann die zuständige Behörde Maßnahmen zur Erfassung, Untersuchung und Bewertung zu treffen. Der Pflichtige handelt mit der Unterrichtung der Behörde im Rahmen seiner Schadensminderungspflicht. Maßgebend ist hier allein das öffentliche Interesse an der raschen Ergreifung von behördlichen Maßnahmen gegen (mögliche) schädliche Bodenveränderungen und an einer effektiven Erfassung von Bodenbelastungen. Die Möglichkeit für die Länder zur Auferlegung einer primären Mitteilungspflicht stützt sich auf § 11 BBodSchG, in dem den Ländern aufgegeben ist, die Erfassung der Altlasten und altlastverdächtigen Flächen zu regeln. Des Weiteren wird von der in § 9 Abs. 2 Satz 3 BBodSchG eingeräumten Befugnis Gebrauch gemacht.

Nach Satz 2 sind im Zusammenhang mit den bezeichneten Maßnahmen auch Bauherrinnen oder Bauherren meldepflichtig, soweit Ihnen Anhaltspunkte für eine Altlast oder schädliche Bodenveränderung bekannt sind. Dies trägt dem Umstand Rechnung, dass schädliche Bodenveränderungen häufig im Rahmen von Bauarbeiten festgestellt werden, die den Bauherrinnen oder Bauherren zudem von den Beauftragten aufgrund zivilrechtlicher Vorschriften mitzuteilen sind. Es ist in diesen Fällen sicherzustellen, dass solche Erkenntnisse an die zuständige Bodenschutzbehörde weitergegeben werden.

Zu Abs. 2:

Im § 12 BBodSchV wird die Zulässigkeit des großflächigen Aufbringens, des Einbaus und der Einarbeitung von Materialien in die obere durchwurzelbare Bodenschicht geregelt. Ein entsprechendes Vorhaben wird einer Anzeigepflicht unterworfen, um der zuständigen Behörde die Möglichkeit einzuräumen, einen Handlungsbedarf abzuschätzen, um mögliche Gefahren für die natürlichen Bodenfunktionen oder seiner Funktion als Archiv der Natur- und Kulturgeschichte bereits frühzeitig abzuwehren zu können. Durch die Bezugnahme auf § 12 BBodSchV unterliegen Zwischenlagerungen und Umlagerungen von Bodenmaterialien auf dem Grundstück nicht der Anzeigepflicht. Um eine Überlastung der zuständigen Behörde durch Bagatellfälle auszuschließen, wird darüber hinaus diese Anzeigepflicht erst bei Überschreitung der Materialmenge von 800 m^3 ausgelöst. Diese Einschränkung der Anzeigepflicht entspricht von der Menge her den Grenzen für die landschaftsrechtliche Eingriffsregelung (§ 4 LG) und für die Baugenehmigungspflicht (§ 65 BauO). Die Mengengrenze ist vor dem Hintergrund, dass § 12 BBodSchV sich nur auf die obere durchwurzelbare Bodenschicht (+/- 50 cm) bezieht, angemessen.

Eine „andere behördliche Entscheidung" ist z. B. die Erlaubnis einer Gewässerbenutzung nach § 3 WHG.

3. Zu § 3 LBodSchG (Mitwirkungs- und Duldungspflichten, Betretungs- und Untersuchungsrecht)

Zu Abs. 1:

Liegen der zuständigen Behörde Anhaltspunkte für das Vorliegen einer schädlichen Bodenveränderung oder Altlast vor, soll sie den Sachverhalt von Amts wegen ermitteln. Eine Erfüllung dieser Pflicht wird den nach § 3 Abs. 1 Pflichtigen eine Auskunftsverpflichtung und die Verpflichtung, geforderte Unterlagen vorzulegen, auferlegt. Durch diese Regelung kann die zuständige Behörde bei der Erstbeurteilung möglicher Gefahren entscheidend unterstützt und das Verfahren zur Abwehr von Gefahren beschleunigt werden. Auf der Grundlage dieser Vorschrift können auch inhaltliche Anforderungen an zu übermittelnden Daten gestellt werden, z. B. Messergebnisse mit Lagekoordinaten (Rechts- und Hochwerten) zu versehen. Sofern Pflichtige Sanierungen durchführen, sind der Behörde der Umfang und die genaue Lage mitzuteilen.

Allerdings gewährt Absatz 1 kein allgemeines Ausforschungsrecht. Die verlangten Auskünfte und Unterlagen müssen für die Aufgabenerfüllung erforderlich sein, d. h. sie müssen bestimmte Fragen betreffen, die mit der Ermittlung der Art und des Umfangs der schädlichen Bodenveränderung und den in Betracht kommenden Möglichkeiten ihrer Behandlung in einem sachlichen Zusammenhang stehen.

Zu Abs. 2:

Um der zuständigen Behörde die Wahrnehmung ihrer gesetzlichen Aufgaben, insbesondere der Untersuchungs- und Überwachungsmaßnahmen, zu ermöglichen, müssen den Verpflichteten entsprechende Duldungsverpflichtungen auferlegt werden. Dieser Duldungspflicht unterliegen beispielsweise auch Grundstückseigentümer und Inhaber der tatsächlichen Gewalt über ein Grundstück im Einwirkungsbereich von schädlichen Bodenveränderungen. Die Regelung in Absatz 2 entspricht inhaltlich im Wesentlichen den bislang im Landesabfallgesetz für Altlasten getroffenen Regelungen.

4. Zu § 4 LBodSchG (Pflichten anderer Behörden und öffentlicher Planungsträger)

Zu Abs. 1:

Die Vorschrift verpflichtet alle Behörden und öffentlichen Stellen zur Erreichung der in der Zweckbestimmung des Bundes-Bodenschutzgesetzes, sowie der in diesem Gesetz genannten Grundsätze beizutragen. Insbesondere sollen diese im Rahmen ihrer Zuständigkeit, insbesondere bei Planungs- und Genehmigungsverfahren, sowie bei Planung und Ausführung eigener Baumaßnahmen und sonstiger Vorhaben schon frühzeitig prüfen, ob diese zu schädlichen Bodenveränderungen führen können.

Zu Abs. 2:

Absatz 2 verpflichtet bei der Aufstellung von Bauleitplänen sowie bei Planfeststellungsverfahren und Plangenehmigungen zur Prüfung, ob ein Flächenrecycling möglich ist. Bei diesen Vorhaben ist insbesondere anzustreben, dass eine vermeidbare Überbauung und Bodenversiegelung im Rahmen des Zwecks der Grundstücksnutzung und der planungsrechtlichen Festlegungen unterbleibt. Dies entspricht dem in der Raumordnung geltenden Grundsatz, dass die Wiedernutzung von Siedlungsflächen Vorrang vor der Nutzung von Freiflächen besitzt (§ 2 Absatz 2 Nr. 2 Raumordnungsgesetz - ROG). Die Verpflichtung, Bodenversiegelungen auf das notwendige Maß zu beschränken, ergibt sich darüber hinaus auch aus der „Bodenschutzklausel" (§ 1a Abs. 1 BauGB) und dem in § 179 BauGB vorgesehenen Rückbau- und Entsiegelungsgebot.

Zu Abs. 3:

Im Rahmen ihrer fachgesetzlichen Zuständigkeiten haben die genannten Stellen ferner die Belange des Bodenschutzes in ihre Erwägungen miteinzubeziehen.

Mit dieser - durch die korrespondierende Beteiligungsregelung für Bodenschutzbehörden des § 15 Absatz 4 - wechselseitigen Beteiligung der Behörden wird eine effektive Wahrung der Belange des Bodenschutzes gewährleistet. Darüber hinaus ist vor dem Hintergrund der in §§ 2 und 3 geregelten Anzeige- und Mitteilungspflichten eine entsprechende Verpflichtung auch für Behörden und öffentliche Stellen zu regeln.

Bereits die bisherigen Regelungen des Siebten Teils des Landesabfallgesetzes enthalten die Pflicht, Daten, Tatsachen und Erkenntnisse über altlastverdächtige Flächen, den zuständigen Behörden mitzuteilen. Künftig besteht diese Verpflichtung bei Anhaltspunkten für das Vorliegen einer schädlichen Bodenveränderung oder Altlast. Diese Pflicht beschränkt sich jedoch auf bereits vorhandene Daten und Erkenntnisse und verpflichtet nicht zu weiteren Ermittlungen. Diese Mitteilungen können eine Entscheidung über die weitere Behandlung einer Fläche, bei der der Verdacht einer schädlichen Bodenveränderung oder Altlast besteht, wesentlich erleichtern bzw. auf eine breite fachliche Grundlage stellen. Gleichzeitig wird hierdurch die erforderliche gesetzliche Bestimmung zur Erhebung und weiteren Verarbeitung personenbezogener Daten, die nicht für Zwecke dieses Gesetzes erhoben wurden, geschaffen. Somit ist es auch möglich, Daten, die ursprünglich für andere Zwecke (z. B. wasserwirtschaftliche Zwecke) erhoben wurden, für Zwecke des Bodenschutzes weiter zu nutzen. Die Regelung ist für eine effektive und vollständige Datenerhebung zum Zwecke des Bodenschutzes erforderlich.

Zu Abs. 4:

Diese Mitteilungspflicht ist für einen effizienten Gesetzesvollzug erforderlich. Aus den Daten bzw. Untersuchungsergebnissen können maßgebliche Erkenntnisse für das Bodeninformationssystem bzw. die für Altlasten und altlastverdächtige Flächen zu führenden Dateien und Karten gewonnen werden.

5. Zu § 5 LBodSchG (Erfassung von schädlichen Bodenveränderungen und Verdachtsflächen)

Die Regelung der Erfassung von schädlichen Bodenveränderungen und Verdachtsflächen ist eine notwendige Ergänzung der Regelungen des Bundes-Bodenschutzgesetzes zur Gefährdungsabschätzung und

Gefahrenabwehr. Die Regelung macht von dem durch § 21 Absatz 2, 1. Halbsatz Nr. 1 und § 21 Absatz 4 BBodSchG eingeräumten Gestaltungsmöglichkeiten Gebrauch. Gleichzeitig wird durch die geregelte Erfassung von Daten und Sachverhalten verdeutlicht, dass sich die Tätigkeit der zuständigen Behörde nicht in einzelfallbezogenen Maßnahmen erschöpft, sondern auch eine - ggf. großflächige - Erfassungs- und Ermittlungstätigkeit mitumfasst, die u. a. zur Einrichtung bzw. Fortführung des Bodeninformationssystems beiträgt. Auf die Begründung dazu wird insoweit verwiesen. Der Inhalt der Bodenbelastungskarten soll für das Land Nordrhein-Westfalen einheitlich festgelegt werden. Der obersten Bodenschutzbehörde wird daher aufgegeben, durch Verwaltungsvorschrift nähere Einzelheiten zum Inhalt dieser Karten zu regeln.

6. Zu § 6 LBodSchG (Bodeninformationssystem)

Für einen effektiven Schutz des Bodens, insbesondere auch unter dem Aspekt der Vorsorge, werden umfassende fachliche Informationen über dessen Zustand, vor allem über bestehende Belastungen und seine Belastbarkeit benötigt. Aus diesem Grunde sind in § 21 Abs. 4 BBodSchG Regelungen enthalten, gemäß denen die Länder bestimmen können, dass für das Gebiet ihres Landes oder für bestimmte Teile Bodeninformationssysteme eingerichtet und geführt werden.
In Ausfüllung dieser Bestimmung soll neben dem Altlastenkataster für die punktuellen Altlasten das in NRW bereits bestehende Bodeninformationssystem gesetzlich verankert und näher geregelt werden. Der Schwerpunkt des Bodeninformationssystems liegt auf flächendekkenden Daten über die physikalische, chemische und biologische Beschaffenheit des Bodens im Hinblick auf die Bodenfunktionen.
Wesentlicher Inhalt des beim Landesumweltamt geführten Bodeninformationssystems sind Daten zum Aufbau und Stoffbestand, sowie zu Standort- und Umwelteigenschaften von Böden und zu deren Verbreitung.

Diese Daten sollen auch für die von § 1 BBodSchG geforderte nachhaltige Sicherung der Funktionen des Bodens genutzt werden und sollen insbesondere auch als Informationsgrundlage für die

Einbringung der Belange des Bodenschutzes in Planungs- und Genehmigungsverfahren dienen. Das Bodeninformationssystem soll künftig - soweit technisch möglich - geeignete, bei öffentlichen Stellen vorhandene und mit öffentlichen Mitteln erhobene bodenrelevante Daten bündeln und nach entsprechender Aufbereitung einem möglichst großen Kreis behördlicher und gegebenenfalls auch privater Nutzer zur Verfügung stehen. Darüber hinaus dient das Bodeninformationssystem auch als Grundlage für den Datenaustausch mit dem Bund nach § 19 Bundes-Bodenschutzgesetz.

Das Bodeninformationssystem ist als komplexer Verbund von Datenbanken mit bodenkundlichen und geowissenschaftlichen Punkt- und Flächendaten, Analyseergebnissen und Auswertungsmethoden konzipiert. Es dient auch der Aufnahme, Auswertung und Bereitstellung von geowissenschaftlichen Grundlagen, vor allem von geologischen, bodenkundlichen, hydrogeologischen und sonstigen geowissenschaftlichen Daten und Karten für Zwecke des Bodenschutzes und grenzt sich damit von auf andere geowissenschaftliche Aufgaben ausgerichteten Informationssystemen ab.

Ein wichtiger Datenbestand des Bodeninformationssystems sind Daten aus Boden-Dauerbeobachtungsflächen nach Absatz 3.

Dauerbeobachtungsflächen sind ein notwendiges Mittel, um die Beschaffenheit landestypischer Böden zu erfassen und längerfristige Veränderungen möglichst frühzeitig zu erkennen. Diese werden in Nordrhein-Westfalen vorrangig an Standorten mit unterschiedlich hohen Schadstoffbelastungen angelegt. Ziele der Boden-Dauerbeobachtung sind die Charakterisierung der Belastungsempfindlichkeiten von Böden und die Ermittlung und Bewertung der Belastungsfolgen sowie die Bereitstellung von Grundlagen für langfristig angelegte Bodenschutzmaßnahmen. Auf Boden-Dauerbeobachtungsflächen werden Daten über langfristige Bodenveränderungen und ihre Ursachen erfasst. Die Flächen werden in unterschiedlichen zeitlichen Abständen untersucht und dabei insbesondere die in Absatz 1 und 2 genannten Daten erhoben.

Auf Grund des bestehenden Bodeninformationssystems existieren bereits eine Vielzahl von Anhaltspunkten und Erkenntnissen beim Landesumweltamt, die den zuständigen Behörden zur Verfügung gestellt werden können. Sofern sich aus den Auswertungen das Vorliegen einer schädlichen Bodenveränderung oder Altlast ableiten lässt, besteht die Verpflichtung die zuständigen Behörden hierüber zu informieren.

Die Regelung des Absatzes 5 greift die bundesrechtliche Vorgabe des § 21 Abs. 4 BBodSchG auf, wonach für Schäden, die im Zusammenhang mit Untersuchungen für das Bodeninformationssystem entstehen, eine Entschädigungsregelung vorzusehen ist.

7. Zu § 7 LBodSchG (Erhebung über altlastverdächtige Flächen und Altlasten)

Die Regelung der Erhebung über altlastverdächtigen Flächen in Absatz 1 ist eine notwendige Ergänzung der Regelungen des Bundes-Bodenschutzgesetzes zur Gefährdungsabschätzung und Gefahrenabwehr. Anlass für diese Bestimmung ist § 11 BBodSchG, der es den Ländern überlässt, die Erfassung der Altlasten und altlastverdächtigen Flächen zu regeln. Diese Regelungen werden in den §§ 7 und 8 getroffen.

Inhaltlich entspricht die Regelung des § 7 der bisher im Landesabfallgesetz enthaltenen Vorschrift über die Erfassung von altlastverdächtigen Flächen (§ 29 LAbfG).

Gleichzeitig wird durch die geregelte Erfassung von Daten und Sachverhalten verdeutlicht, dass sich die Tätigkeit der zuständigen Behörde nicht in einzelfallbezogenen Maßnahmen erschöpft, sondern auch eine - ggf. flächendeckende - Erfassungs- und Ermittlungstätigkeit mitumfasst, die u. a. zur Fortführung der für Altlasten maßgeblichen Kataster, Dateien und Karten beiträgt.

Der zuständigen Behörde wird durch Satz 2 in Absatz 2 - wie bisher - die Möglichkeit eingeräumt, sonstige Angaben Dritter zu Grunde zu legen, sofern diese für den Zweck der Erhebung erforderlich sind.

8. Zu § 8 LBodSchG (Kataster über altlastverdächtige Flächen und Altlasten)

Diese Vorschrift entspricht inhaltlich der bisherigen Vorschrift des Landesabfallgesetzes (§ 30 Abs. 1 LAbfG). Sie soll nun als § 8 in dieses Gesetz aufgenommen werden, da die Führung der Kataster weiterhin für den Vollzug erforderlich ist. Nach Satz 3 sind vom Kenntnisstand überholte Informationen über altlastverdächtige Flächen grundsätzlich zu löschen, können jedoch, soweit erforderlich, nachrichtlich dargestellt werden.

9. Zu § 9 LBodSchG (Übermittlung der erfassten Daten, Aufbewahrungsdauer)

Die von den zuständigen Behörden nach §§ 5 und 7 erfassten, bzw. im Kataster nach § 8 dargestellten Daten, Tatsachen und Erkenntnisse enthalten Informationen, die für die Aufgabenwahrnehmung verschiedener Behörden von erheblicher Bedeutung sind. Aus diesem Grunde sind die Behörden zur Übermittlung verpflichtet, um eine zentrale Zusammenfassung dieser Informationen zu ermöglichen. Einzelheiten der Übermittlung sollen in einer Rechtsverordnung geregelt werden. Für die Informationen über Altlasten und altlastverdächtigen Flächen entspricht die Regelung des Absatzes 1 der bisherigen Vorschrift des Landesabfallgesetzes (§ 30 Abs. 2 LAbfG).

Die im Bodeninformationssystem oder Altlastenkataster gespeicherten Daten sind grundsätzlich zeitlich unbegrenzt aufzubewahren, da ihre Kenntnis für die Umweltbehörde und andere planende und bauende Stellen für künftige Nutzungsänderungen und andere Maßnahmen eine relevante Entscheidungsgrundlage sein kann. Eine entsprechende Regelung enthält der bisherige § 30 Abs. 4 LAbfG. Personenbezogene Daten sind zu löschen, sobald sie nicht mehr für die Aufgabenerfüllung, z. B. für die Verpflichtung eines ehemaligen Grundstückseigentümers, erforderlich sind.

10. Zu § 10 LBodSchG (Weitergabe von Daten, Zugang zu Daten)

Die Regelung des Absatzes 1 basiert auf der Anforderung des § 9 DSG NW, wonach die Einrichtung eines automatisierte Abrufverfahrens bei personenbezogenen Daten nur nach näherer bundes- oder landesrechtlicher Bestimmung zulässig ist. In diesem Sinne werden hier die Datenart, der Zweck des Abrufs und die Datenempfänger festgelegt. Die näheren Einzelheiten hierzu sollen durch Rechtsverordnung geregelt werden.

Neben der in Absatz 1 geregelten regelmäßigen Übermittlung von Daten zwischen den Bodenschutzbehörden, die zur Erfüllung Ihrer Aufgaben nach den bestehenden datenschutzrechtlichen Regelungen bereits zulässig ist, sowie an die für das übrige Umweltrecht zuständigen Kreisordnungsbehörden, ist in Absatz 2 eine ausdrückliche „Zweckdurchbrechungsermächtigung" vorgesehen, um die zum Zwekke des Bodenschutzes erhaltenen Daten für weitere gesetzliche Zwekke übermitteln zu dürfen. Dadurch wird die zuständige Behörde in die Lage versetzt, an die genannten Einrichtungen die Daten unter erleichterten Voraussetzungen auf deren Verlangen zu übermitteln.

Absatz 3 verweist für Auskunftsansprüche Dritter gegenüber den Stellen, die das Bodeninformationssystem oder die für Altlasten maßgeblichen Kataster, Dateien und Karten führen, auf die Vorschriften des Umweltinformationsgesetzes (UIG). Ein „berechtigtes Interesse" des Auskunftsersuchenden ist nicht Voraussetzung für einen Informationsanspruch; sein Vorliegen kann aber bei der Entscheidung, ob die Auskunft gemäß § 8 Abs. 1 Nr. 1 UIG abgelehnt werden muss, durchaus von Bedeutung sein. Ein Auskunftsanspruch besteht nach § 8 Abs. 1 Nr. 1 UIG nicht, wenn durch das Bekanntwerden der Informationen personenbezogene Daten offenbart und dadurch schutzwürdige Interessen der Betroffenen beeinträchtigt würden. Schutzwürdig im Sinne des § 8 UIG ist das Interesse des Betroffenen an der Geheimhaltung seiner Daten in der Regel nämlich nur dann, wenn es bei einer Abwägung mit dem Interesse des Auskunftsersuchenden an der Offenbarung der Daten das Übergewicht hat. Entscheidend ist die Interessenlage im Einzelfall. Das Gewicht des Eingriffs in das Recht auf informationelle Selbstbestimmung ist zu den von der begehrten Information beschriebenen Umwelt- und Sozialauswirkungen, dem sog. sozialen Bezug, in Beziehung zu setzen. Beispielsweise können die wirtschaftlichen Auswirkungen einer Auskunft über die Verdachtsflächeneigenschaft eines Grundstücks abzuwägen sein gegenüber dem Interesse des Mieters oder Nachbarn des Grundstücks daran, zum Schutz vor Gesundheitsgefahren möglichst frühzeitig über einen Altlastverdacht informiert zu sein. Die gesundheitlichen Interessen von Grundstücksnachbarn und Nutzungsberechtigten werden in einem solchen Fall in aller Regel überwiegen.

Absatz 4 beinhaltet eine Benachrichtigungsverpflichtung gegenüber den jeweiligen Grundstückseigentümern, die Korrektur- oder Löschungsansprüche im Falle unrichtiger Daten haben. Diese Verpflichtung gilt für die Aufnahme eines Grundstückes in ein Kataster über altlastverdächtige Flächen und Altlasten oder ein entsprechendes Verzeichnis für schädliche Bodenveränderungen und Verdachtsflächen sowie eine wesentliche Veränderung der gespeicherten Daten nach In-Kraft-Treten des Gesetzes vorgenommen werden.

11. Zu § 11 LBodSchG (Information der Betroffenen und der Öffentlichkeit)

Absatz 1 ermöglicht der zuständigen Behörde in Fällen, in denen die Betroffenen (Eigentümer, sonstige betroffene Nutzungsberechtigte und die betroffene Nachbarschaft) noch nicht im vollen Umfang ermittelt werden können, eine Information durch Auslegung der Unterlagen nach ortsüblicher Bekanntmachung über Ort und Zeit der Auslegung.

Absatz 2 räumt der zuständigen Behörde die Möglichkeit ein, bei altlastverdächtigen Flächen und Altlasten, bei denen besonders schwerwiegende Sicherungs- und Sanierungsmaßnahmen zu erwarten sind, einen Beirat einzuberufen. Hierdurch wird eine frühzeitige umfassende Information der Betroffenen und eine fach- und sachgerechte Einbringung der berührten Belange schon im Vorfeld der durchzuführenden Sanierungsmaßnahmen ermöglicht, um eine Verfahrensbeschleunigung herbeiführen zu können.

Absatz 3 gibt der zuständigen Behörde ein aktives Informationsrecht. Die Unterrichtung der Öffentlichkeit kann auch in Form von parzellenscharfen Karten erfolgen, die ehemalige Grundstücknutzungen erkennen lassen.

12. Zu § 12 LBodSchG (Bodenschutzgebiete)

Das Bundes-Bodenschutzgesetz sieht in § 21 Absatz 3 für die Länder die Möglichkeit für gebietsbezogene Maßnahmen vor, die durch Ausweisung von Bodenschutzgebieten umgesetzt werden sollen. Es können Gebiete bestimmt werden, in denen flächenhaft schädliche Bodenveränderungen auftreten oder zu erwarten sind. Für diese Gebiete kann durch Verordnungen flächenhaft auftretenden schädlichen Bodenveränderungen mit einem gebietsbezogenen Handlungskonzept begegnet werden. Als „weitere Regelungen", die nach § 21 Abs. 3 BBodSchG von den Ländern getroffen werden können, ist die Ausweisung von Bodenschutzgebieten auch vorgesehen, um besonders schutzwürdige Böden im Sinne des § 12 Abs. 8 Satz 1 Bundes-Bodenschutz- und Altlastenverordnung zu sichern.

Nach § 12 Absatz 2 muss das Bodenschutzgebiet in seiner Ausdehnung durch den festzulegenden Zweck gerechtfertigt sein und es muss eindeutig abgegrenzt werden. Zulässig ist die Orientierung an Gemeindegrenzen, Wegen, Eisenbahnlinien, Wasserläufen und Ähnlichem.

Eingreifende Bestimmungen auf der Grundlage einer Verordnung nach § 12 müssen sich im Rahmen zulässiger Inhalts- und Schrankenbestimmung im Sinne von Artikel 14 Abs. 1 S. 2 GG halten. Eine „Enteignung" darf nur durch Gesetz oder auf Grund eines Gesetzes erfolgen (Artikel 14 Abs. 3 S. 2, 1. Halbsatz GG). Die Nutzungsbeschränkungen der Verordnung nach § 12 sind dagegen Ausdruck einer vorhandenen Belastung bzw. einer besonderen Beschaffenheit der Böden. Bei schädlichen Bodenveränderungen ist der Boden bereits in seinen Nutzungsmöglichkeiten beeinträchtigt.

Auch die besondere Beschaffenheit eines „schutzwürdigen Bodens" (Definition § 1 LBodSchG) führt zu einer besonderen wegen der Beschaffenheit des Bodens beschränkten Nutzungsmöglichkeit, die auf Grund der Sozialpflichtigkeit des Eigentums zu rechtfertigen ist. Je nach Art und Ausmaß der schädlichen Bodenveränderung sind Beschränkungen der Nutzung zulässig. In § 12 Absatz 2 Satz 2 ist sowohl eine Duldungspflicht als auch die Verpflichtung eines Eigentümers, Sanierungsmaßnahmen zu ergreifen, geregelt. Wenn eine entsprechende Duldungsverpflichtung in der Verordnung festgelegt ist, kann z. B. gegen den Verursacher eine Sanierungsanordnung ergehen, ohne dass eine gesonderte Duldungsverfügung gegen den Eigentümer erforderlich ist. Bei den auferlegten Beschränkungen und durchzuführenden Maßnahmen ist zu beachten, dass diese sich aus dem Bundes-Bodenschutzgesetz bzw. diesem Gesetz ergeben. Die Vorrangigkeit des Bundes-Immissionsschutzgesetzes oder anderer in § 3 Abs. 2 BBodSchG genannten gesetzlichen Bestimmungen gilt selbstverständlich auch hier. Als Maßnahmen auf Böden mit bestehenden schädlichen Bodenveränderungen kommen insbesondere Beschränkungen der Art der anzubauenden Nutzpflanzen und deren Verwertung als Nahrungs-, Futterpflanzen oder nachwachsende Rohstoffe in Betracht. Zur Verhinderung des Entstehens schädlicher Bodenveränderungen bei großflächigen Überschreitungen der Vorsorgewerte können Beschränkungen des Auf- und Einbringens von Materialien auf oder in Böden verfügt werden. Das gleiche gilt für besonders schutzwürdige Böden, da diese z. B. durch das Aufbringen von Materialien ihren besonderen Charakter verlieren würden.

Die Absätze 3 bis 8 regeln das Verfahren zur Ausweisung von Bodenschutzgebieten. Die Auslegung nach Absatz 4 erfolgt erst, nachdem die obere Bodenschutzbehörde die unteren Bodenschutzbehörden und die fachlich berührten Gemeinden nach Absatz 3 beteiligt hat.

Der Entwurf der Verordnung ist bei der im Vorfeld nach Absatz 3 bereits beteiligten unteren Bodenschutzbehörde auszulegen. Die Einsichtsmöglichkeit in die ausgelegten Unterlagen muss nicht während der gesamten Dienstzeit jedoch während der Sprechzeiten der

Behörde gewährleistet sein. Diese nehmen eventuelle Anregungen und Bedenken entgegen.

Nach Absatz 9 kann die Behörde die Betroffenen ausnahmsweise von ihren Verpflichtungen befreien, sofern bei Festlegung der Bodenschutzgebiete und der hierauf beruhenden Maßnahmen eine unbeabsichtigte Härte entsteht oder entstehen würde oder auch im Hinblick auf Artikel 14 GG unverhältnismäßige Belastungen entstehen (s. Urteil des Bundesverfassungsgerichts vom 2. März 1999 - 1 BvL 7/91, NJW 1999, Seite 2877 ff.). Die Behörde hat dies von Amts wegen zu prüfen.

13. Zu § 13 LBodSchG (Bodenschutzbehörden)

Es wird der Aufbau und die Zuständigkeit der für den Vollzug verantwortlichen Bodenschutzbehörden bestimmt. Diese nehmen die Belange des Bodenschutzes wahr, sofern nicht etwas anderes bestimmt ist. Dies geschieht weitestgehend im Rahmen bereits bestehender Zuständigkeiten. Den Kreisordnungsbehörden oblag bereits bisher der Vollzug der altlastenrechtlichen Vorschriften des Landesabfallgesetzes einschließlich des Vollzuges der für Altlasten anzuwendenden Vorschriften des Wasser- und des Immissionsschutzrechtes. Mit der Bestimmung der Kreisordnungsbehörde als zuständiger Behörde für den Vollzug der bodenschutzrechtlichen Vorschriften wird insoweit auf die bisherige bewährte Verwaltungspraxis zurückgegriffen. Ebenso orientiert sich die abweichende Zuständigkeit für Flächen in der Zuständigkeit der Bergaufsicht, wie auch der gesamte Behördenaufbau an den bisherigen Zuständigkeiten. Unverhältnismäßiger Aufwand für die Errichtung einer neuen Behördenstruktur wird dadurch vermieden.

Soweit Flächen der Bergaufsicht unterliegen und nicht die Vorschriften des Bundesberggesetzes und der auf Grund dieses Gesetzes erlassenen Rechtsverordnungen über die Errichtung, Führung oder Einstellung eines Betriebes Einwirkungen auf den Boden regeln (§ 3 Abs. 1 Nr. 10 BBodSchG), sind das Landesoberbergamt und die Bergämter obere bzw. untere Bodenschutzbehörde; oberste Bodenschutzbehörde ist auch insoweit das Ministerium für Umwelt, Raumordnung und Landwirtschaft. Auslegung und Anwendung des § 3 Abs. 1 Nr. 10 BBodSchG werden das Ministerium für Umwelt, Raumordnung und Landwirtschaft und das Ministerium für Wirtschaft und Mittelstand, Technologie und Verkehr einvernehmlich regeln.

Da der Vollzug des Bodenschutzrechts eine Aufgabe der Länder ist, ist in Absatz 4 klarzustellen, dass die in diesem Gesetz geregelten Aufgaben, die nicht Aufgaben der Gefahrenabwehr sind und die von den Kreisen bzw. kreisfreien Städten wahrgenommen werden sollen, als Pflichtaufgaben zur Erfüllung nach Weisung zu erfüllen sind.

14. Zu § 14 LBodSchG (sonstige Behörden des Bodenschutzes)

Die bislang im Landesabfallgesetz geregelten besonderen Zuständigkeiten des Landesumweltamtes im Bereich Altlasten und Bodenschutz wurden in dieses Gesetz übernommen, da diese sich in der Praxis bewährt haben und darüber hinaus eine zentrale Stelle für die Ermittlung von Grundlagen des Bodenschutzes zwingend erforderlich ist. Auf Grund der bereits bestehenden Zuständigkeit des Landesumweltamtes für den Aufbau und den Betrieb des Bodeninformationssystems (siehe auch Begründung zu § 6) besteht dort auch die fachliche Kompetenz für die zugewiesenen Aufgaben. Um eine Verzahnung mit weiteren Landesbehörden zu erreichen und unnötige Überschneidungen zu vermeiden, soll eine weitgehende Zusammenarbeit und gegenseitige Unterstützung stattfinden.

15. Zu § 15 LBodSchG (Aufgaben der Behörden, Eingriffsbefugnis)

Der Vollzug des Bodenschutzrechts ist eine Aufgabe der Länder. Aus diesem Grund ist der zuständigen Behörde die Aufgabe zuzuweisen, darüber zu wachen, dass die Bestimmungen des Bundes-Bodenschutzgesetzes und der darauf gestützten Rechtsverordnungen eingehalten und auferlegte Verpflichtungen erfüllt werden. Entsprechendes gilt auch für die Bestimmungen dieses Gesetzes.

In Absatz 2, Satz 1 wird der zuständigen Behörde die Befugnis erteilt, neben den aus dem Bundes-Bodenschutzgesetz resultierenden Anordnungen auch die in diesem Gesetz verankerten Anordnungen zu treffen. Hierzu zählen beispielsweise Anordnungen zur Erfüllung der Mitwirkungs- und Duldungspflichten (§ 3). In Satz 2 wird weiter die Kostentragung durch die Verpflichteten geregelt. Sie ist insoweit die landesrechtliche Entsprechung zu § 24 Abs. 2 BBodSchG gemäß der grundsätzlich ebenfalls die Verpflichteten die Kosten zu tragen haben.

Absatz 3 greift die in § 21 Absatz 2, 2. Halbsatz BBodSchG enthaltene Ermächtigung auf, gemäß der die Länder bestimmen können, dass bei bestimmten schädlichen Bodenveränderungen, von denen besonders gravierende Auswirkungen für den Einzelnen oder die Allgemeinheit ausgehen, die Durchführung von Sanierungsuntersuchungen sowie die Erstellung von Sanierungsplänen und Eigenkontrollmaßnahmen verlangt werden kann. Durch diese Regelung wird die zuständige Behörde in die Lage versetzt, gestützt auf § 15 Absatz 3, auch bei besonders komplexen Fällen einer schädlichen Bodenveränderung die Erstellung eines Sanierungsplanes zu verlangen und diesen für verbindlich zu erklären. Die zuständige Behörde trifft ihre Entscheidung über eine Anordnung entsprechender Maßnahmen nach pflichtgemäßem Ermessen. Macht diese von ihren Befugnissen Gebrauch, so gelten die in §§ 13 bis 15 und 24 BBodSchG darüber hinaus geregelten Befugnisse bzw. Verpflichtungen sowie die ergänzenden Regelungen des § 6 und des Anhangs 3 der Bundes-Bodenschutz- und Altlastenverordnung entsprechend. So kann die zuständige Behörde beispielsweise nicht nur verlangen, dass Sanierungsuntersuchungen durchzuführen sind und ggf. ein Sanierungsplan erstellt wird, sondern auch eine Ausführung durch einen Sachverständigen im Sinne des § 18 BBodSchG fordern. Zur Entlastung der behördlichen Überwachungskapazitäten schafft die Regelung darüber hinaus die Möglichkeit, den Verpflichteten Maßnahmen zur Eigenüberwachung aufzuerlegen. Zu diesen Maßnahmen zählen insbesondere Boden- und Wasseruntersuchungen sowie die Einrichtung und der Betrieb von Mess- und Kontrollstellen. Die einzelnen Maßnahmen bedürfen stets eines Bezuges zu schädlichen Bodenveränderungen (Schadensentwicklung, Sanierungserfolg). Die Anordnung der Eigenkontrolle kann auch zur Effizienzkontrolle von durchgeführten Sanierungsmaßnahmen oder Beschränkungsmaßnahmen erforderlich sein.

Der Verweis auf § 15 BBodSchG bewirkt durch § 15 Abs. 2 BBodSchG im Wesentlichen, dass die zuständige Behörde Eigenkontrollmaßnahmen u. a. auch nach Durchführung von Dekontaminations-, Sicherungs- und Beschränkungsmaßnahmen anordnen kann.

Durch die Regelungen des Absatzes 4 wird den zuständigen Behörden ermöglicht, Sachverständige und Untersuchungsstellen, neben den bereits im Bundes-Bodenschutzgesetz geregelten Fällen, auch für weitere Aufgaben in Anspruch nehmen zu können. Dies kann insbesondere erforderlich sein, um in komplexen Sachverhalten notwendige Entscheidungen und Maßnahmen auf einer möglichst breiten Grundlage fachlich fundierter Feststellungen und Bewertungen zu treffen bzw. durchzuführen.

16. Zu § 16 LBodSchG (Bestimmung der zuständigen Behörde)

Die konkrete Bezeichnung der jeweils zuständigen Behörde für einzelne Tatbestände erfolgt entsprechend der bisherigen Praxis für Rechtsvorschriften auf dem Gebiet des technischen Umweltschutzes durch die Verordnung zur Regelung von Zuständigkeiten auf dem Gebiet des technischen Umweltschutzes - ZustVOtU -. Hier waren bisher bereits einige Zuständigkeiten für den Altlastenbereich geregelt.

Die Regelungen zur Zuständigkeit in besonderen Fällen wurden inhaltlich aus dem Landesabfallgesetz in dieses Gesetz übernommen.

17. Zu § 17 LBodSchG (Sachverständige und Untersuchungsstellen)

Die zuständige Behörde kann auf Grund des Bundes-Bodenschutzgesetzes (§§ 9 Abs. 2, 13 Abs. 2, 15 Abs. 2), sowie auf Grund dieses Gesetzes (vgl. § 15 Abs. 4) die Einschaltung eines Sachverständigen oder einer Untersuchungsstelle im Sinne des § 18 BBodSchG verlangen, bzw. sich selbst eines Sachverständigen oder einer Untersuchungsstelle bedienen. Der Bund hat in § 18 BBodSchG die Länder ausdrücklich ermächtigt, die Einzelheiten der an Sachverständige und Untersuchungsstellen zu stellenden Anforderungen, Art und Umfang der von ihnen wahrzunehmenden Aufgaben, die Vorlage der Ergebnisse ihrer Tätigkeit und die Bekanntgabe von Sachverständigen, welche die Voraussetzungen erfüllen, zu regeln. Eine entsprechende Regelung ist erforderlich, um sicherzustellen, dass landesweit einheitliche Maßstäbe für die Sachkunde, Zuverlässigkeit und gerätetechnische Ausstattung der Sachverständigen und Untersuchungsstellen sowie deren Aufgabenerfüllung gelten. Hierzu wird das Ministerium für Umwelt, Raumordnung und Landwirtschaft ermächtigt, die notwendigen Regelungen durch Rechtsverordnung zu treffen. Die Ermächtigung umfasst auch die Regelung der einzuhaltenden persönlichen Anforderungen und sonstigen Verpflichtungen von Sachverständigen als Personen (z. B. Unabhängigkeit). Für Untersuchungsstellen als Institutionen sollen insbesondere Maßnahmen zur analytischen Qualitätssicherung vorgegeben werden.

Absatz 3 räumt denjenigen, die den Nachweis erbringen, dass sie die durch Rechtsverordnung festgelegten Anforderungen erfüllen, einen Rechtsanspruch auf Zulassung als Sachverständiger oder Untersuchungsstelle im Sinne des § 18 BBodSchG ein. Die Möglichkeit der Befristung der Zulassung ist vorzusehen, um das erforderliche Qualifikationsniveau der zugelassenen Sachverständigen und Untersuchungsstellen zu gewährleisten und ihre Sachkunde auf einen aktuellen Stand zu halten. Eine Beschränkung auf bestimmte Aufgabenbereiche oder Teilgebiete trägt insbesondere dem Umstand Rechnung, dass sich bereits in der Vergangenheit insbesondere kleine Untersuchungslabors auf die Analyse bestimmter Schadstoffe oder Schadstoffgruppen auf hohem fachlichen Niveau spezialisiert haben, und diese Unternehmen nicht verdrängt werden sollen. Darüber hinaus können vielfach die sich bei der Untersuchung und Sanierung von komplexen schädlichen Bodenveränderungen oder Altlasten stellenden fachlichen Aufgaben von einem Sachverständigen oder einer Untersuchungsstelle allein nicht bewältigt werden.

Satz 3 ermächtigt das Ministerium für Umwelt, Raumordnung und Landwirtschaft, die Art und Weise einer öffentlichen Bekanntgabe der zugelassenen Sachverständigen und Untersuchungsstellen, die generelle Anerkennung bestimmter Sachverständiger oder Untersuchungsstellen oder die Voraussetzungen für den Widerruf einer Anerkennung zu regeln.

Nach Absatz 4 besteht die Möglichkeit in einer Rechtsverordnung zu regeln, dass Zulassungen anderer Länder in der Bundesrepublik Deutschland, denen vergleichbare Anforderungen zu Grunde liegen, auch in Nordrhein-Westfalen anzuerkennen sind. Dies kann vor dem Hintergrund wechselseitiger Anerkennungen durch die Länder sinnvoll und notwendig sein. Eine entsprechende Verwaltungsvereinbarung zwischen den Ländern für den gesamten Umweltbereich ist in Vorbereitung.

18. Zu § 18 LBodSchG (Ergänzende Verwaltungsvorschriften)

In § 5 Satz 3 BBodSchG wird die zuständige Behörde ermächtigt, bis zum In-Kraft-Treten einer hierauf basierenden Rechtsverordnung im Einzelfall Anordnungen zur Entsiegelung zu treffen. Eine entsprechende Rechtsverordnung wurde von der Bundesregierung nicht vorgelegt. Es ist zur Zeit nicht absehbar, wann eine solche Regelung erfolgt. Bis sich Konkretisierungen aus einer Rechtsverordnung ergeben, soll die oberste Bodenschutzbehörde daher zur Erleichterung des Vollzuges durch eine Verwaltungsvorschrift nähere Einzelheiten hierzu regeln können.

Sofern die auf Grund des § 8 BBodSchG erlassene Rechtsverordnung des Bundes zu bestimmten Schadstoffen (noch) keine Werte und Anforderungen zur Erfüllung der boden- und altlastenbezogenen Pflichten gemäß § 4 BBodSchG enthält, soll die oberste Bodenschutzbehörde zur Erleichterung und möglichst sachgerechten Handhabung des Vollzugs bei der Gefahrenabwehr dort, wo es geboten erscheint, durch eine Verwaltungsvorschrift Werte und Anforderungen für bestimmte Schadstoffe bekanntgeben können.

19. Zu § 19 LBodSchG (Ausgleich für Nutzungsbeschränkungen)

In § 19 wird der bundesrechtlichen Regelung über Ausgleichsansprüche gemäß § 10 Abs. 2 BBodSchG Rechnung getragen. Hiernach soll ein angemessener Ausgleich für Einschränkungen der ordnungsgemäßen land- und forstwirtschaftlichen Nutzung „nach Maßgabe des Landesrechts" gewährt werden. Die materiellen Voraussetzungen für einen Ausgleichsanspruch sind in § 10 Abs. 2 BBodSchG bereits geregelt. § 19 LBodSchG enthält Regelungen zum Verfahren für die Geltendmachung und Gewährung eines durch die zuständige Behörde festzusetzenden Ausgleichs.

20. Zu § 20 LBodSchG (Ordnungswidrigkeiten)

In Ergänzung des Bundes-Bodenschutzgesetzes (§ 26) behandelt § 20 bestimmte Zuwiderhandlungen gegen die durch dieses Gesetz oder auf seiner Grundlage erlassenen Gebote und Verbote als Ordnungswidrigkeiten. Damit wird der Weg zur Verfolgung dieser Zuwiderhandlungen nach dem Bundesgesetz über Ordnungswidrigkeiten (OWiG) eröffnet. Der Bußgeldrahmen von bis zu fünfzigtausend EURO (bzw. bis zum 31.12.2001 bis zu einhunderttausend Deutsche Mark) entspricht dabei der bei vergleichbaren Verstößen in anderen Umweltgesetzen (z. B. LWG, LAbfG) festgelegten Größenordnung und lehnt sich an entsprechende Bußgeldbestimmungen im Bundes-Bodenschutzgesetz an.

Die Bußgeldbewehrung soll bewirken, dass die auf Verlangen zur Erteilung von Auskünften Verpflichteten die zuständige Behörde umgehend und vollständig über die von der Behörde als entscheidungsrelevant betrachteten Tatsachen informieren. Entsprechendes gilt, soweit die zuständige Behörde die Vorlage von Unterlagen verlangt.

Diese Möglichkeit, Verstöße als Ordnungswidrigkeit zu ahnden, tritt neben die Instrumente, die das Verwaltungsvollstreckungsrecht vorsieht. Die Verhängung einer Geldbuße wird vor allem in Fällen in Betracht kommen, in denen es auf Grund der Weigerung der Verpflichteten bereits zu Schäden gekommen ist, die bei ordnungsgemäßer Pflichterfüllung abzuwenden gewesen wäre bzw. wenn weitere Schäden drohen.

Zu Artikel 2
(Änderung des Landesabfallgesetzes)

Die altlastenbezogenen Regelungen des siebten Teils des Landesabfallgesetzes werden durch die in den Regelungen des Bundes-Bodenschutzgesetzes enthalten Begriffsbestimmungen, Anwendungsbereichs- und Überwachungsregelungen sowie die in diesem Gesetz enthaltenen Vorschriften vollständig verdrängt bzw. ersetzt. Dementsprechend sind auch die im Zusammenhang mit dem siebten Teil stehenden Vorschriften aufzuheben.

Darüber hinaus wird unter Ziffer 6 ein redaktionelles Versehen aus der Novelle des Landesabfallgesetzes bereinigt.

Zu Artikel 3 bis 8:

Mit dem Inkrafttreten des Bundes-Bodenschutzgesetzes am 1.3.1999 wurde der Boden mit seinen Funktionen zum zentralen Schutzgut dieses Bundesgesetzes. Das hier vorgeschlagene Artikelgesetz soll die in Artikel 3 bis 7 genannten Vorschriften zum Schutze der Bodenfunktionen für das Land Nordrhein-Westfalen ergänzen sowie der Ausführung des Bundesgesetzes dienen.

Durch Anpassungen des Abfallentsorgungs- und Altlastensanierungsverbandsgesetzes (Artikel 3), Landesforstgesetzes (Artikel 4), Landeswassergesetzes (Artikel 5), Landschaftsgesetzes (Artikel 6), der Bauordnung (Artikel 7) und des Abgrabungsgesetzes (Artikel 8) soll der geänderten Rechtslage Rechnung getragen werden. Auch bisher waren schon beim Vollzug der vorgenannten Landesgesetze die Belange des Naturhaushaltes und des Landschaftsschutzes und somit auch des Bodens zu berücksichtigen. Die Konkretisierungen durch das Bundes-Bodenschutzgesetz und hierauf beruhender Rechtsverordnungen erfordern jedoch eine Anpassung an die Terminologie des neuen Bodenschutzrechts und Ergänzungen, um bei Abwägungsentscheidungen konkreter die aus dem Spezialgesetz für den Bodenschutz sich ergebenden Schutzbestimmungen für die Funktionen des Bodens betrachten zu können.

Zu Artikel 9:

Die Vorschrift regelt das In-Kraft-Treten des Gesetzes. Da das Gesetz der Ausführung und Ergänzung des bereits in Kraft getretenen Bundes-Bodenschutzgesetzes dient, ist ein sofortiges In-Kraft-Treten am Tage nach der Verkündung geboten.

Bekanntmachung über Methoden und Maßstäbe für die Ableitung der Prüf- und Maßnahmenwerte nach der Bundes-Bodenschutz- und Altlastenverordnung (BBodSchV)

Vom 18. Juni 1999 BAnz. Nr. 161a (Beilage) vom 28.8.1999

Gemäß § 4 Abs. 5 Satz 2 der Bundes-Bodenschutz- und Altlastenverordnung werden die Methoden und Maßstäbe zur Ableitung der nach § 8 Bundes-Bodenschutzgesetz festzulegenden Prüf- und Maßnahmenwerte veröffentlicht. Die Veröffentlichung dient ausschließlich der Sicherstellung des Vollzugs des Bundes-Bodenschutzgesetzes und der Bundes-Bodenschutz- und Altlastenverordnung (BBodSchV). Die Anwendung der Methoden und Maßstäbe und ihrer Grundlagen ist auf andere Rechtsgebiete des Umwelt- und Gesundheitsschutzes nicht ohne weiteres übertragbar.

Die Methoden und Maßstäbe zur Ableitung dienen

- der sachgerechten und einheitlichen Anwendung der Prüf- und Maßnahmenwerte der BBodSchV im Einzelfall
- sowie der Sicherstellung gleichwertiger Einzelfallentscheidungen bei Stoffen, für die die BBodSchV keinen Prüf- oder Maßnahmenwert enthält.

Abweichungen von diesen Methoden und Maßstäben sind nur bei gesicherten neuen wissenschaftlichen Erkenntnissen zulässig. Zu gegebener Zeit erfolgt eine Anpassung der Ableitungsmaßstäbe an den neuen wissenschaftlichen Erkenntnisstand.

Bonn, den 18. Juni 1999

Bundesministerium für Umwelt, Naturschutz und Reaktorsicherheit

Im Auftrag

Dr. Schäfer

1 Allgemeines

Gemäß § 8 Absatz 1 BBodSchG legt die Bundes-Bodenschutz- und Altlastenverordnung (BBodSchV) Prüf- und Maßnahmenwerte fest. Dabei sind

Prüfwerte:	Werte, bei deren Überschreiten unter Berücksichtigung der Bodennutzung eine einzelfallbezogene Prüfung durchzuführen und festzustellen ist, ob eine schädliche Bodenveränderung oder Altlast vorliegt und
Maßnahmenwerte:	Werte für Einwirkungen oder Belastungen, bei deren Überschreiten unter Berücksichtigung der jeweiligen Bodennutzung in der Regel von einer schädlichen Bodenveränderung oder Altlast auszugehen ist und Maßnahmen erforderlich sind.

Die BBodSchV, stellt in § 4 fest, daß Ergebnisse von Untersuchungen nach dieser Verordnung unter Beachtung der Gegebenheiten des Einzelfalls insbesondere auch anhand von Prüf- und Maßnahmenwerte zu bewerten sind. Soweit die BBodSchV für einen Schadstoff keinen Prüf- oder Maßnahmenwert festsetzt, sind für die Bewertung von Untersuchungsergebnissen im Einzelfall die zur Ableitung der entsprechenden Werte in Anhang 2 der BBodSchV herangezogenen Methoden und Maßstäbe zu beachten.

Die Ableitung von Prüf- und Maßnahmenwerten stellt auf § 8 Abs. 1 BBodSchG und dessen Bezugnahme auf die Erfüllung der sich aus § 4 des Gesetzes ergebenden Pflichten zur Gefahrenabwehr bei bestehenden schädlichen Bodenveränderungen oder Altlasten ab. Ausgangspunkt sind im wesentlichen Bodenfunktionen in ihrer Bedeutung für

- den Menschen im direkten Kontakt mit Boden,
- die Reinhaltung von Nahrungs- und Futterpflanzen und
- das Bodensickerwasser auf dem Weg zum Grundwasser.

Schutzgüter sind dabei die menschliche Gesundheit, die Qualität von Nahrungspflanzen und Futtermitteln sowie das Bodensickerwasser auf dem Weg zum Grundwasser. Diese Schutzgüter werden bei der Ableitung von Prüf- und Maßnahmenwerten in spezifischer

Weise differenziert. Dies schließt nicht aus, daß im Einzelfall einer schädlichen Bodenveränderung oder Altlast unter Beachtung aller Umstände auch weitere Schutzgüter zu bewerten sind, etwa die Lebensraumfunktion von Böden; einschlägige Methoden und Maßstäbe sind hierzu noch in Entwicklung.

Zur Einbindung einschlägiger Vollzugserfahrungen der Länder sind Arbeiten im Rahmen der Bund/Länderarbeitsgemeinschaft Bodenschutz (LABO), der Länderarbeitsgemeinschaften für Abfall (LAGA) und Wasser (LAWA) sowie der Arbeitsgemeinschaft der Obersten Landesgesundheitsämter (AOLG, vormals AGLMB) in die Erarbeitung von Eckpunkten und fachlichen Grundlagen für die Ableitung der Prüf- und Maßnahmenwerte einbezogen (vor allem LABO / LAGA 1996).

Neben den genannten Ländergremien wurde in einer Reihe von Fach- und Abstimmungsgesprächen auch wissenschaftlicher Sachverstand in die Erarbeitung der Prüfwerte einbezogen (im einzelnen hierzu: BMU-Umwelt, 1998).

Die Ableitung der Prüf- und Maßnahmenwerte berücksichtigt hinsichtlich der Exposition

- Stoffeigenschaften, die die Ausbreitung von Stoffen und ggf. ihre Verfügbarkeit bei der Aufnahme beeinflussen,
- Bodeneigenschaften, die die stofflichen Verbindungen und deren Verhalten in der Umwelt bedingen,
- Verhaltensunterschiede des Menschen (Spielen, Arbeiten; unterschiedliche Aufnahmepfade und Aufenthaltsdauer) und
- die Qualität und Anzahl der verfügbaren Daten (statistische Angaben, epidemiologische Feststellungen).

Für die Ableitung von Prüfwerten wird die Exposition so bemessen, daß „im ungünstigen Expositionsfall" auf das Vorliegen einer Gefahr für das Schutzgut zu schließen ist. Dabei ist auch das Ausmaß der möglichen Beeinträchtigung des Schutzgutes zu beachten. Je nach Zuverlässigkeit und Umfang der für die Expositionsabschätzung zur Verfügung stehenden Datenmenge wird für den „ungünstigen Fall" von einem hohen Perzentil der möglichen Expositionsbedingungen ausgegangen. Prüfwerte für den Schutz der menschlichen Gesundheit im direkten Kontakt mit Boden werden als Gesamtgehalt des jeweiligen Schadstoffes angegeben. Maßnahmenwerte werden in Anhang 2 Nr. 1 BBodSchV - bis auf die Ausnahme Dio xin - nicht angegeben, weil die fachlichen Grundlagen und Methoden noch ausstehen, um den Maßnahmenwert als den für den Menschen resorptionsverfügbaren Gehalt eines Schadstoffes im Boden anzugeben. Die Messung des resorptionsverfügbaren Anteils am Gesamtgehalt eines Schadstoffes im Boden wird als wesentliche methodische Voraussetzung für die Einführung von Maßnahmenwerten angesehen.

Die Anwendung der Methoden und Maßstäbe zur Berechnung der Prüfwerte ist im einzelnen für jeden Stoff des Anhanges 2 BBodSchV in einer Dokumentation des Umweltbundesamtes dargestellt (Umweltbundesamt 1999). Für andere Stoffe und Stoffeigenschafte wie insbesondere flüchtige Stoffe und Nitroaromaten sind unter Umständen weitere Ableitungsmaßstäbe heranzuziehen, die ebenfalls in der Dokumentation des Umweltbundesamtes (1999) genannt sind.

2 Prüf- und Maßnahmenwerte nach Anhang 2 Nr. 1 BBodSchV für Kinderspielflächen, Wohngebiete, Park- und Freizeitanlagen sowie Industrie- und Gewerbegrundstücke

2.1 Abgrenzung der Nutzungen

Der Nutzungsbezug der Prüf- und Maßnahmenwerte erfordert die Zuordnung der in Anhang 2 der BBodSchV festgelegten einzelnen Werte zu bestimmten Nutzungen. Liegt innerhalb einer Verdachtsfläche oder altlastverdächtigen Fläche auf Teilflächen eine von der vorherrschenden Nutzung abweichende empfindlichere Nutzung vor, sind diese Teilflächen nach den für ihre Nutzung jeweils festgesetzten Maßstäben zu bewerten. Für Werte nach Anhang 2 Nr. 1 BBodSchV sind folgende Nutzungen unterschieden (vgl. auch Nr. 1.1 im Anhang 2 der BBodSchV):

1. Kinderspielflächen

   Hierunter fallen Aufenthaltsbereiche für Kinder, die ortsüblich zum Spielen genutzt werden, ohne den Spielsand von Sandkästen, der in der Regel gesonderten Regelungen unterliegt. Diese Definition verweist darauf, daß es sich hier um die tatsächlich für das Spielen genutzten Flächen handelt. Die bestimmungsgemäß für das Spielen von Kindern hergerichteten Flächen (Kinderspielplätze) fallen in diese Kategorie. Im Rahmen der Daseinsvorsorge der öffentlichen Hand gilt bei amtlich ausgewiesenen Kinderspielplätzen eine besondere öffentliche Sorgfalt; insofern sind diese auch nach den Maßstäben des öffentlichen Gesundheitswesens zu bewerten.

2. Wohngebiete

Abgestellt wird auf die dem Wohnen dienenden Gebiete einschließlich Haus- und Kleingärten oder sonstigen Gärten entsprechender Nutzung, auch soweit sie nicht im Sinne der Baunutzungsverordnung planungsrechtlich dargestellt oder festgesetzt sind. Die Baunutzungsverordnung spricht als „Wohngebiete" unter anderem Kleinsiedlungsgebiete, reine und allgemeine Wohngebiete und Dorfgebiete an. Hier sind Park- und Freizeitanlagen ausgenommen, die als eigene Nutzungskategorie bewertet werden. Soweit unbefestigte Flächen in Wohngebieten als Kinderspielflächen genutzt werden, sind diese als solche zu bewerten. Diese Abgrenzung gegenüber der erstgenannten Nutzungsform ermöglicht es, Teilflächen mit einer von der vorherrschenden Nutzung abweichenden, empfindlicheren Nutzung nach den für ihre Nutzung jeweils festgesetzten Maßstäben zu beurteilen. Werden die ebenfalls angesprochenen Hausgärten zum Anbau von Gemüse zum Eigenverzehr genutzt, ist im Einzelfall zu prüfen, ob diese Nutzung eine solche Relevanz hat, daß auch eine Bewertung nach den für den Wirkungspfad Boden-Pflanze vorgegebenen Kriterien erfolgen muß.

3. Park- und Freizeitanlagen

Unter Park- und Freizeitanlagen werden Anlagen für soziale, gesundheitliche und sportliche Zwecke, insbesondere öffentliche und private Grünanlagen sowie unbefestigte Flächen, die regelmäßig zugänglich sind, verstanden. Die regelmäßige Zugänglichkeit ist eine Bedingung, die auf den bei der Ableitung der Werte unterstellten Aufenthalt von Kindern abstellt.

4. Industrie- und Gewerbegrundstücke

Hierunter werden unbefestigte Flächen von Arbeits- und Produktionsstätten, die nur während der Arbeitszeit genutzt werden, die aber nicht Gegenstand von Arbeiten sind, verstanden. Militärisch genutzte Flächen werden grundsätzlich dieser Kategorie zugeordnet.

Für die Bewertung von weiteren Stoffe, für die die BBodSchV keine Prüf- oder Maßnahmenwerte nennt, insbesondere für flüchtige Stoffe, können die Nutzungen spezifiziert werden (Umweltbundesamt, 1999).

2.2 Maßnahmenwerte des Anhanges 2 Nr. 1.1 für die direkte Aufnahme von Dioxinen / Furanen auf Kinderspielflächen, in Wohngebieten, Park- und Freizeitanlagen und Industrie- und Gewerbegrundstücken

Generell sollten sich Ableitungsmaßstäbe für diese Maßnahmenwerte auf die für den Menschen resorptionsverfügbarenSchadstoffanteile im Boden beziehen. Hinsichtlich des Schutzgutes menschliche Gesundheit werden verschiedene Methoden zur Bestimmung des resorptionsverfügbaren Anteils eines Schadstoffes im Boden entwikkelt und getestet. Untersuchungen mit verschiedenen Extraktionsmitteln (Hack, Kraft, Selenka 1997) machen deutlich, daß Matrixeffekte eine große Bedeutung haben können, ein Beispiel hierfür ist Blei in unterschiedlichen Bodenmaterialien. Auch die Heterogenität des Materials ist ggf. zu berücksichtigen. Genormte und damit auch fachlich abgesicherte Methoden zur Resorptionsverfügbarkeit liegen noch nicht vor; zur Auswahl und Validierung des „richtigen", physiologienahen Elutionsverfahrens laufen derzeit sowohl Forschungs- als auch Normungsaktivitäten.

Daneben kann die Ableitung eines Maßnahmenwertes hilfsweise auch an der Ermittlung des Gesamtgehaltes eines Stoffes im Boden festgemacht werden, wenn die Festlegung eines Maßnahmenwertes gegenüber der Festlegung eines Prüfwertes aus Gründen der Verhältnismäßigkeit des durch einen Prüfwert ausgelösten Untersuchungsaufwandes als das vollzugsgerechtere Instrument erscheint. Dies ist für Dioxine/Furane der Fall.

Berechnungsergebnisse analog zu der weiter unten beschriebenen Vorgehensweise für die Prüfwerte bestätigen den von der Bund-Länder-AG „Dioxine" festgelegten Bodenrichtwert für Kinderspielflächen. Als Werte für Kinderspielflächen und Wohngebiete sowie für Park- und Freizeitflächen werden daher die von der Bund/Länder-

Arbeitsgruppe Dioxine genannten Werte übernommen. Weitere Prüfungen bei Überschreiten dieser Werte im Sinne weiterer Messungen und z.B. Untersuchungen zum Humanbiomonitoring sind im Regelfall nicht sachgerecht und wären aufgrund der erheblichen Kosten nicht verhältnismäßig. Die genannten Werte werden daher als Maßnahmenwerte festgelegt. Zur Anwendung dieser Maßnahmenwerte wird festgelegt, daß bei Vorliegen dioxinhaltiger Laugenrückstände aus Kupferschiefer („Kieselrot") eine Anwendung der Maßnahmenwerte aufgrund der geringen Resorption im menschlichen Organismus nicht unmittelbar zum Schutz der menschlichen Gesundheit, sondern vielmehr zum Zweck der nachhaltigen, das heißt vorbeugenden Gefahrenabwehr erfolgt. Damit wird dem heute als weitgehend gesichert geltenden Kenntnisstand Rechnung getragen, daß Dioxine/Furane in Kieselrot nur eine geringe Resorptionsverfügbarkeit aufweisen.

2.3 Humantoxikologische Bewertungsmaßstäbe

Die für die Ableitung der Prüfwerte herangezogenen Methoden und Maßstäbe müssen dem aktuellen Stand des Wissens entsprechen. Humantoxikologische Bewertungsmaßstäbe werden nach einer einheitlichen Methodik herangezogen. Neben der oralen Aufnahme von Schadstoffen aus dem Boden ist auch die inhalative und ggf. dermale Aufnahme zu beachten. Hierzu werden tolerierbare resorbierte Dosen (TRD) als Bewertungsmaßstab für die innere Belastung herangezogen (Kalberlah, Hassauer, Schneider, 1998), die in ihrer Definition, Ableitungsmethodik und ihrem Schutzniveau weitgehend den analog von der Weltgesundheitsorganisation (WHO) oder von anderen Organisationen wie der US-amerikanischen Umweltbehörde „Environmental Protection Agency" (EPA) eingeführten Werten entsprechen. Abweichungen der TRD-Werte von diesen Werten können sich insbesondere ergeben, wenn die genannten Gremien kein einheitliches Ergebnis vorlegen oder neuere Studien eine Neubewertung notwendig machen. Die TRD-Werte kennzeichnen definitionsgemäß die tägliche Belastung, bei der bei Exposition über Lebenszeit auch bei empfindlichen Personen nicht mit Gesundheitsschädigungen zu rechnen ist.

Die humantoxikologischen Bewertungsmaßstäbe werden als wissenschaftliche Bewertungen von Daten abgeleitet und begründet, die auch empirische und plausibel begründete Extrapolationen auf das Schutzgut menschliche Gesundheit enthalten können.

Die tolerablen resorbierten Dosen (TRD) stellen als Bewertungsmaßstäbe eine mögliche Grundlage dar, Prüfwerte für den Boden zu begründen. Grundsätzlich wären auch andere humantoxikologische Bewertungsmaßstäbe verwendbar, soweit sie die sich aus den nachfolgenden Darstellungen ergebenden Anforderungen erfüllen (LABO / LAGA 1996). Tatsächlich zeigen die für die einzelnen Stoffe der BBodSchV durchgeführten Berechnungen der Prüfwerte auch z.B. im Falle von Blei und Arsen, daß ergänzend weitere humantoxikologische Bewertungsmaßstäbe herangezogen werden (Umweltbundesamt 1999).

2.3.1 Ableitung der humantoxikologischen Bewertungsmaßstäbe im Rahmen von § 8 BBodSchG sowie § 4 BBodSchV

2.3.1.1 Definition

Tolerierbare resorbierte Dosen (TRD) werden definiert als tolerierbare täglich resorbierte Körperdosen eines Gefahrstoffs, bei denen mit hinreichender Wahrscheinlichkeit bei Einzelstoffbetrachtung nach dem gegenwärtigen Stand der Kenntnis keine nachteiligen Effekte auf die menschliche Gesundheit erwartet werden bzw. bei denen nur von einer geringen Wahrscheinlichkeit für Erkrankungen ausgegangen wird. Kombinationswirkungen sind dabei nicht berücksichtigt. Der TRD-Wert bezeichnet die täglich ausschließlich über den betrachteten Pfad resultierende innere Belastung, die gerade noch zu tolerieren ist.

TRD-Werte liegen für die nach Bundes-Bodenschutz- und Altlastenverordnung, Anhang 2 Nr. 1 bezeichneten Stoffe für den inhalativen und den oralen Pfad vor. Erforderlichenfalls wird auch die dermale Stoffaufnahme berücksichtigt. Sie werden als täglich resorbierte Schadstoffmenge pro kg Körpergewicht (mg/kg · d) angegeben. Idealerweise basiert ein TRD-Wert auf Kenntnissen zu den Wirkungen bei den empfindlichsten Mitgliedern der Bevölkerung. Häufig stehen solche Daten (Humandaten) nicht oder nicht hinreichend zur Verfügung. In diesen Fällen wird der TRD-Wert mit Hilfe von Faktoren aus tierexperimentellen Daten oder ungenügenden Humandaten extrapoliert.

Für die inhalative Belastung werden medienbezogene Werte angegeben, z.B. als Luftkonzentration in mg/m³, wenn bei lokaler Wirkung auf den Atemtrakt die Ermittlung einer Körperdosis nicht sinnvoll ist. Da es sich hierbei nicht um resorbierte Dosen handelt, werden diese Konzentrationswerte nicht als TRD-Werte sondern als **Referenz-Konzentrationen (RK)** bezeichnet.

Das Konzept der Toxizitätsäquivalente kann in geeigneten Fällen angewendet werden.

2.3.1.2 Datenbasis

Als Sekundärquellen zur ausführlichen Dokumentation der toxischen Eigenschaften der behandelten Substanzen können folgende Quellen dienen:

- Air Quality Guidelines der WHO (Weltgesundheitsorganisation)
- Guidelines for Drinking Water Quality der WHO
- Bewertungen von WHO/FAO (Food and Agricultural Organization)-Expertengremien zu Lebensmittelzusatzstoffen oder -kontaminanten
- Berichte im Rahmen des International Programme on Chemical Safety (IPCS) der WHO (Environmental Health Criteria)
- Monographien der International Agency for Research on Cancer (IARC) der WHO
- Luftqualitätskriterien des Umweltbundesamtes (Einzelveröffentlichungen)
- Risk Reduction Monographs des Environment Directorate der Europäischen Union
- Stoffberichte des Beratergremiums Umweltrelevante Altstoffe (BUA)
- Medizinisch-toxikologische Begründungen der MAK-Werte sowie entsprechende Veröffentlichungen zu Arbeitsplatzgrenzwerten im Ausland wie z.B. Arbeitsplatzwertbegründungen der ACGIH (American Conference of Governmental Industrial Hygienists, USA)
- Toxikologische Bewertungen der Berufsgenossenschaft der chemischen Industrie

- Integrated Risk Information System (IRIS) der US-amerikanischen Umwelschutzbehörde EPA (Environmental Protection Agency)
- Stoffberichte der Agency for Toxic Substances and Disease Registry (ATSDR)
- Health Effects Assessment Summary Tables der EPA
- Health Effects Assessment Documents, Ambient Water Quality Criteria und Drinking Water Health Advisories der EPA.
- Priority Substance List Assessment Reports der kanadischen Regierung

In Einzelfällen können auch z.B. „toxicity reviews“ des englischen „Health and Safety Executive“, der amerikanischen Arbeitsschutzbehörde „National Institute for Occupational Safety and Health“ (NIOSH) oder holländische oder schwedische Veröffentlichungen entsprechender Einrichtungen eine wichtige Datenbasis bieten.

Folgende Online-Datenbanken enthalten einschlägig verwendbare Veröffentlichungen zu toxischen Wirkungen im Niedrigdosisbereich:

- RTECS
- HSDB
- ECDIN
- Somed
- Chemical Abstracts
- Toxline
- Toxall

Für die Darstellung und Bewertung von Krebsrisikoangaben können die

- Beurteilungsmaßstäbe zur Begrenzung des Krebsrisikos durch Luftverunreinigungen der Arbeitsgruppe „Krebsrisiko durch Luftverunreinigungen“ des Länderausschusses für Immissionsschutz (LAI)
- Bewertungen des Deutschen Krebsforschungszentrums Heidelberg
- Air Quality Guidelines der WHO und
- das Integrated Risk Information System (IRIS) der US - EPA

genutzt werden. Für den Zweck der Ableitung von Boden-Prüfwerten werden keine eigenständigen Einstufungen des Krebspotentials vorgenommen; Angaben zum Krebsrisikos werden übernommen.

2.3.1.3 Schutzniveau

Ausgangspunkt für die Ableitung von TRD-Werten sind Beobachtungen beim Menschen (z.B. vom Arbeitsplatz) oder im Tierversuch. Es wird jeweils für kurzfristige und langfristige Exposition und für die Aufnahmepfade inhalativ, oral und dermal der sogenannte „LOAEL" bzw. „NOAEL" ermittelt:

LOAEL	lowest observed adverse effect level = die niedrigste Gefahrstoffdosis, bzw. -konzentration, bei der (in der vorliegenden Studie) noch adverse Effekte beobachtet wurden
NOAEL	no observed adverse effect level = die höchste Gefahrstoffdosis bzw. - konzentration, bei der keine adversen Effekte mehr beobachtet wurden.

Dabei werden die empfindlichsten Endpunkte bei den empfindlichsten Tierspezies zugrunde gelegt, wenn nicht begründete Hinweise auf eine nicht gegebene Übertragbarkeit auf den Menschen bestehen. Falls zwar ein LOAEL, nicht aber ein NOAEL in der Literatur berichtet wurde, wird letzterer mit Hilfe von Faktoren (siehe unten) abgeschätzt. Dies entspricht üblicher Praxis, auch wenn dem (abgeschätzten) NOAEL dann keine Beobachtung („observed effect") mehr zugrunde liegt (definitorische Ungenauigkeit). Hinsichtlich kanzerogener Effekte ist kein NOAEL zu ermitteln.

2.3.1.4 Kriterien für adverse Effekte

Welche Effekte als advers anzusehen sind, wird in Anlehnung an die WHO-Definition bewertet. Die WHO (1994) gibt folgende Definition für den Begriff „adverser Effekt":

Veränderung in Morphologie, Physiologie, Wachstum, Entwicklung oder Lebenserwartung eines Organismus, die zu einer Beeinträchtigung der Funktionsfähigkeit oder zu einer Beeinträchtigung der Kompensationsfähigkeit gegenüber zusätzlichen Belastungen führt oder die Empfindlichkeit gegenüber schädlichen Wirkungen anderer Umwelteinflüsse erhöht[1]).

Im einzelnen werden unter adversen Effekten neben den histopathologisch bzw. klinisch erfaßbaren Veränderungen auch solche Effekte verstanden wie z.B.:

- gravierende Körpergewichtsreduktionen (>10%),
- enzymatische Veränderungen, falls diese indikativ für beginnende pathologische Prozesse sind (insbesondere mit Dosis-/Wirkungskorrelationen),
- signifikante Verhaltensveränderungen und neurophysiologisch erfaßbare Abweichungen.

Andererseits werden z.B. leichte Effekte auf das Körpergewicht oder enzymatische Veränderungen ohne Korrelat zu in höherer Dosis dokumentierten Organschäden nicht als advers betrachtet. Auch reversible Effekte werden nach Art und Größe als advers gewertet, die unterschiedliche qualitative Bedeutung gegenüber irreversiblen Effekten ggf. bei der Extrapolation (z.B. durch einen geringeren Faktor für den Abstand zwischen LOAEL und NOAEL bei Reizeffekten) berücksichtigt.

2.3.1.5 Bewertungsmaßstab für krebserzeugende Stoffe

Für kanzerogene Wirkungen wird kein TRD-Wert abgeleitet, weil grundsätzlich nicht von einer tolerierbaren Stoffdosis gesprochen werden kann. Statt dessen wird bei kanzerogenen Stoffen von einer resorbierten Körperdosis ausgegangen, die einem einzelstoffbezogenen zusätzlichen rechnerischen Risiko von 1 : 100 000 (1×10^{-5}) durch lebenslange Exposition gegenüber dem betreffenden Gefahrstoff an Krebs zu erkranken, entspricht. Diese Risikohöhe geht auf ein Votum des Sachverständigenrates für Umweltfragen zurück (SRU, 1993). Die Gesundheitsministerkonferenz folgt dem SRU in der Erläuterung ihrer Entschließung vom 17./18. November 1994 zum Stellenwert quantitativer Risikoabschätzungen im umweltbezogenen

[1]) Übersetzung der Verfasser, der Originaltext lautet: "Change in morphology, physiology, growth, development or life span of an organism which results in impairment of functional capacity or impairment of capacity to compensate for additional stress or increase in susceptibility to the harmful effects of other environmental influences."

Gesundheitsschutz. Das Risiko von 10-5 könnte demnach für Einzelsubstanzen das Ziel für eine stufenweise Absenkung von Konzentrationswerten sein. In diesem Sinne ist hier das rechnerische Risiko von 10-5 für kanzerogene Wirkungen zugrunde zu legen. Es ist dem Schutzniveau des TRD-Wertes gleichgesetzt. Diese Festlegung entspricht 1/40 des vom Länderausschuß für Immissionsschutz (LAI) verwendeten Bewertungsmaßstabes für Vielstoffbelastungen (Risiko 1 : 2.500 oder 40 × 10-5, LAI, 1992), den er für einen ersten Schritt der Minimierung des Risikos durch alle krebserzeugenden Luftverunreinigungen anstrebt.

Die Grundlage der dem rechnerischen Risiko entsprechenden stoffspezifischen Dosis ist das „unit risk", das aus Veröffentlichungen anderer kompetenter Organisationen oder Institutionen wie LAI, DKFZ (Deutsches Krebsforschungszentrum Heidelberg), WHO und US-EPA zu entnehmen ist. Der Bewertungsmaßstab für krebserzeugende Stoffe hebt die hinreichende Wahrscheinlichkeit einer schädlichen Wirkung einer durch eine Bodenkontamination / Altlast bedingten Zusatzbelastung aus dem „Rauschpegel" einer ubiquitären Wirkung durch die weitgehend in der Umwelt verteilten Schadstoffe heraus. Unterhalb dieses Bewertungsmaßstabes sind die durch eine Bodenkontamination / Altlast bedingten Zusatzbelastungen für den Menschen in der Regel kaum meßbar und zuzuordnen. Gleichwohl bedeutet die Nicht-Meßbarkeit aber keineswegs, daß das Vorkommen krebserzeugender Stoffe in Böden und in der Umwelt damit unbedenklich wäre.

Die „akzeptierbare" Zunahme der Tumorinzidenz um einen Fall bei 100.000 Exponierten berücksichtigt nur das statistische Kriterium der Inzidenz, und zwar durchgängig für alle Tumorarten. Krebserkrankungen wird aber ein höchst unterschiedlicher Stellenwert im Hinblick auf Frühwarnsyptome, Malignität und Metastasierungsneignung, Heilbarkeit, Behandlungskosten und vor allem Verlauf und dessen Einfluß auf die Lebensqualität zugeordnet (siehe Sachverständigenrat für Umweltfragen 1995, Kasten in Tz. 86). Eine derartig differenzierte Betrachtung wird für die „Ableitungsmaßstäbe ..." jedoch nicht vorgenommen. Sie wäre in Zukunft erneut zu prüfen, wenn im Sinne der Anforderung des Sachverständigenrates für Umweltfragen ein übergreifendes Konzept für die Bewertung der unterschiedlichen gesundheitlichen Beeinträchtigungen von Krebserkrankungen gefunden werden kann.

2.3.1.6 Annahmen zur Resorption

Bei bestimmten Expositionsszenarien können mehrere Aufnahmewege (häufig inhalativ und oral) gleichzeitig eine Rolle spielen. Für die Möglichkeit einer angemessenen Berücksichtigung der pfadspezifischen Anteile werden die humantoxikologischen Bewertungsmaßstäbe als resorbierte Dosen ausgewiesen. Um eine innere Gesamtbelastung zu ermitteln, wird die jeweilige pfadspezifisch zugeführte Schadstoffmenge mit der Resorptionsquote multipliziert, um die anteilige innere Belastung zu erhalten. Es wird stoffspezifisch angegeben (Umweltbundesamt 1999), welche Resorptionsquote zur Ableitung des TRD-Wertes aus den tierexperimentellen Daten eingesetzt und welche Quote beim Menschen zur Rückrechnung auf die zugeführten Schadstoffmengen verwendet wird.

Bei vielen Stoffen existieren keine Untersuchungen zur Resorptionsquote bei Mensch oder Tier. In diesen Fällen wird, falls die qualitative Betrachtung der Stoffeigenschaften für eine gute Bioverfügbarkeit spricht, als angenommene Resorption 100 % verwendet.

2.3.1.7 Extrapolation, Verwendung von Sicherheitsfaktoren

Bei der Ableitung wird möglichst auf detailliert berichtete und belastbare Humandaten zurückgegriffen. Soweit diese nicht vorliegen, wird auf tierexperimentelle Untersuchungen zurückgegriffen und mit Faktoren auf das Schutzgut empfindliche Personen(gruppen) extrapoliert. Die verwendeten Sicherheitsfaktoren entsprechen im wesentlichen denen, die von WHO und EPA verwendet werden. Weitere (Sicherheits-)Faktoren, die auch von der WHO und der EPA angewendet werden und die unwägbare Risiken oder einer unzureichenden Datenlage Rechnung tragen, werden nicht vorgesehen. Die einzelnen Sicherheitsfaktoren beruhen nur zu einem Teil auf Konventionen, im wesentlichen bezüglich des angestrebten Schutzniveaus und der statistischen Sicherheit. Zu einem weiteren Teil beruhen sie auf biologisch plausiblen Annahmen zu den Variabilitäten und Empfindlichkeitsunterschieden zwischen Mensch und Tier und stellen in diesem Sinne eher eine Extrapolation als die Einrechnung eines Sicherheitsspielraumes dar (Kalberlah und Schneider, 1998). Ausgehend von der dokumentierten Effektdosis bzw. -konzentration werden im einzelnen folgende Sicherheitsfaktoren (SF) zum Ansatz gebracht, um den TRD-Wert abzuleiten:

Tabelle 1: Übersicht zu den für TRD-Werte relevanten Sicherheitsfaktoren

Art der SF		Art der Extrapolation:
a) SFa:	Zur Abschätzung eines chronischen NOAEL durch Hochrechnung von subchronischer auf chronische Expositionsdauer (entfällt bei Vorliegen bewertbarer chronischer experimenteller oder epidemiologischer Untersuchungen)	Unterschied zwischen Lang- und Kurzzeitbelastung bei Mensch oder Versuchstier
b) SFb:	Zur Abschätzung eines $NOAEL_{TV}$[1] aus einem experimentellen $LOAEL_{TV}$ (entfällt bei Vorliegen bewertbarer [sub]chronischer epidemiologischer Daten) mit Hilfe der Konvention $NOAEL_{TV} = LOAEL_{TV} : SF_b$	
oder:	zur Abschätzung eines $NOAEL_E$[2] aus einem epidemiologisch ermittelten $LOAEL_E$ mit Hilfe der Konvention $NOAEL_E = LOAEL_E : SF_b$ (entfällt bei bekanntem $NOAEL_E$ oder $LOAEL_e$[3] oder $NOAEL_e$)	Gestalt der Dosis-Wirkungskurve bei Mensch und/oder Versuchstier
oder:	zur Abschätzung eines $NOAEL_e$ aus einem $LOAEL_e$ mit Hilfe der Konvention $NOAEL_e = LOAEL_e : SF_b$ (entfällt bei bekanntem $NOAEL_e$)	
c) SFc:	zur Überbrückung der zwischenartlichen Varianz zwischen Mensch und Versuchstier mit Hilfe der Konvention $LOAEL_E = LOAEL_{TV} : SF_c$ bzw. $NOAEL_E = NOAEL_{TV} : SF_c$ (entfällt bei Vorliegen bewertbarer [sub-]chronischer epidemiologischer Daten)	Zwischenartliche Varianz zwischen Mensch und Versuchstier
d) SFd:	zur Überbrückung der innerartlichen Varianz beim Menschen, falls der $NOAEL_E$ ersatzweise aus einem Tierversuch abgeleitet wurde mit Hilfe der Konvention $NOAEL_e = NOAEL_E : SF_d$	Innerartliche Varianzen
oder:	zur Abdeckung der innerartlichen Varianz beim Menschen, falls der $NOAEL_E$ epidemiologisch ermittelt wurde mit Hilfe der Konvention $NOAEL_e = NOAEL_E : SF_d$ (entfällt bei bekanntem $LOAEL_e$ oder $NOAEL_e$)	beim Menschen

[1] TV = aus Tierversuchen

[2] E = für die gesunde erwachsene Bevölkerung

[3] e = für empfindliche Personengruppen

Üblicherweise werden für die einzelnen Faktoren im Sinne eines Default-Wertes (= gesetzter Wert) jeweils 10 angenommen (Kalberlah et al.1998). Maximal ergibt sich bei multiplikativer Verknüpfung ein Sicherheitsfaktor von insgesamt 10 000. Ein derartig großer Gesamtsicherheitsfaktor muß als Ausdruck sehr hoher Datenunsicherheiten angesehen werden. Grundsätzlich sind Sicherheitsfaktoren durch bessere Schätzungen zu ersetzen, wenn Informationen hierzu vorhanden sind. Folgende beispielhaft aufgeführten Gründe können zu einer Abänderung (i.d.R. Verringerung) der Sicherheitsfaktoren führen:

SF_a: Es existieren Daten, die nahelegen, daß beim Übergang von subchronischer zu chronischer Exposition nur eine geringe Progredienz (Wirkungsverstärkung) der Effekte zu erwarten ist.

SF_b: Die Effekte beim beobachteten LOAEL waren bereits marginal und/oder der Verlauf der Dosis/Wirkungsbeziehung läßt erwarten, daß der vermutete NOAEL in geringem Abstand zum LOAEL liegt.

SF_c: Es existieren begründete Hinweise (z.B. aus Modellrechnungen) auf geringe Speziesunterschiede zwischen Tier und Mensch (hinsichtlich Toxikodynamik oder -kinetik).

SF_d: Die zugrundegelegte Untersuchung umfaßt bereits Effekte bei besonders sensiblen Bevölkerungsgruppen (z.B. epidemiologische Untersuchungen an großen Bevölkerungsgruppen, die auch empfindliche Personen einschließen).

Ist eine Beurteilung einer schädlichen Bodenveränderung durch Stoffe mit hoher Datenunsicherheit (Gesamtsicherheitsfaktor >3.000) geboten, sind über die wissenschaftlichen Grundlagen und Bewertungskriterien der TRD-Werte hinaus normativ zu setzende stoff- und wirkungsspezifische Konventionen heranzuziehen, zu begründen und offenzulegen.

2.3.1.8 Zeitbezug

Die Abgrenzung zwischen kurzfristiger (akuter und subakuter) und langfristiger (subchronischer und chronischer) Exposition wird von verschiedenen Organisationen unterschiedlich gehandhabt. Vor diesem Hintergrund werden von dem Versuchstiermodell Nagetier ausgehend folgende Zeitspannen

zugeordnet:	akut	bis 1 d	kurzfristig
	subakut	bis 30 d	kurzfristig
	subchronisch	bis 180 d	langfristig
	chronisch	> 180 d	langfristig

Unter kurzfristiger Exposition wird ein Zeitraum bis zu 4 Wochen verstanden (sowohl in bezug auf die tierexperimentellen Bedingungen als auch in bezug auf den Geltungsbereich des TRD-Wertes für kurzfristige Exposition für den Menschen), während TRD-Werte für langfristige Exposition auch bei Lebenszeitexposition hinreichend Schutz gewähren sollen.

Ergebnisse kurzfristiger Studien werden grundsätzlich nicht zur Ableitung eines langfristigen TRD-Wertes herangezogen. Zu den kurzfristigen Effekten werden auch Beobachtungen aus Tierversuchen gezählt, bei denen fruchtschädigende (fetotoxische und/oder teratogene) Effekte nach Gefahrstoffexposition während der Trächtigkeit auftraten. Bei diesen Effekten steht häufig der Einwirkungszeitpunkt (Tag der Gravidität), das heißt die Phase der Fruchtentwicklung gegenüber der Expositionsdauer im Vordergrund.

2.3.1.9 Berechnung von Körperdosen (LOAEL, NOAEL) aus tierexperimentellen Daten

Im Tierversuch, aber auch beim Menschen sind häufig Konzentrationsangaben (Gefahrstoff in der Nahrung oder in der Luft) auf Körperdosen und/oder Werte für intermittierende Exposition auf kontinuierliche Exposition umzurechnen. Ferner sind bei der Übertragung von Tier auf Mensch bei inhalativer Aufnahme verschiedene Atemvolumina zu beachten. Falls diese Umrechnungen nicht vom Autor einer Studie selbst mit konkreten Daten angegeben wurden, erfolgt die Berechnung nach einem allgemeinen Schema mit folgenden Parametern:

a) Tier/Mensch

Für die speziesspezifischen Daten werden folgende Parameter eingesetzt:

Tabelle 2: Speziesspezifische Parameter zur Berechnung von Körperdosen

Spezies	Lebensdauer (Jahre)	Gewicht (kg)	Atemvolumen (m^3/d)	Wasseraufnahme (l/d)	Futterfaktor [1]
Maus	2,0	0,03	0,039	0,0057	0,13
Ratte	2,0	0,35	0,223	0,049	0,05
Hamster	2,4	0,14	0,13	0,027	0,083
Meerschwein	4,5	0,84	0,40	0,20	0,040
Kaninchen	7,8	3,8	2,0	0,41	0,049
Mensch	70,0	70,0	20,0	2,0	0,028

[1] Futterfaktor: Die Angaben in mg/kg Futter sind mit diesem Wert zu multiplizieren, es ergeben sich die Körperdosen in mg/kg · d. Falls in der Literatur hiervon abweichende Angaben vorliegen, werden diese berücksichtigt.

Die Umrechnung von Tier auf Mensch erfolgt über das Gewicht.

b) Berechnung von Körperdosen aus Luftkonzentrationen

Auf Basis von Humandaten wird wie folgt vorgegangen (KG = Körpergewicht):

$$\text{Körperdosis}\ [\frac{\text{mg}}{\text{kg KG} \times \text{d}}] = \frac{\text{Konzentration in } \frac{\text{mg}}{\text{m}^3} \times 20\ \frac{\text{m}^3}{\text{d}} \times \text{Resorptionsquote}}{70\ \text{kg KG}}$$

Auf Basis von tierexperimentellen Daten wird wie folgt vorgegangen, zum Beispiel für die Ratte:

$$\text{Körperdosis}\ [\frac{\text{mg}}{\text{kg KG} \times \text{d}}] = \frac{\text{Konzentration in } \frac{\text{mg}}{\text{m}^3} \times 0{,}223\ \frac{\text{m}^3}{\text{d}} \times \text{Resorptionsquote}}{0{,}35\ \text{kg KG}}$$

Die Rückrechnung von der Körperdosis auf eine Luftkonzentration erfolgt für den Menschen analog in umgekehrter Richtung mit den Standardannahmen für den Menschen: 70 kg Körpergewicht, $20 m^3/d$ Atemvolumen und der entsprechenden Resorptionsquote. Besonderheiten bei lokalen Reizeffekten sind gesondert zu betrachten.

c) Umrechnung von intermittierender auf kontinuierliche Exposition bei inhalativer Exposition

Falls eine Studie mit nicht kontinuierlicher Exposition zugrunde lag, wurde linear auf kontinuierliche Exposition umgerechnet (auf 24 Stunden pro Tag und 7 Tage pro Woche). Eine derartige Umrechnung ist nicht statthaft, wenn z.B. die absolute Dosis („Bolusgabe") oder Konzentrationsspitzen in der Luft für die Wirkung ausschlaggebend sind. In solchen Fällen wird auf die Umrechnung verzichtet.

2.3.1.10 Vorgehensweise hinsichtlich der Bewertungsmaßstäbe für Kanzerogene

Die Bewertung der Kanzerogenität einer Substanz erfolgt nach zwei Gesichtspunkten:

1. Zeigt die Substanz kanzerogene Effekte ? (Besitzt der Stoff kanzerogenes Potential ?)
2. Wie ist die Wirkungsstärke bezüglich kanzerogener Effekte beim Menschen zu beurteilen ? (Welche kanzerogene Potenz kommt dem Stoff zu ?)

Bewertung des kanzerogenen Potentials - Kanzerogenitätseinstufungen

Zur Kennzeichnung des kanzerogenen Potentials der Stoffe werden die Einstufungen der Europäischen Union, des Ausschusses für Gefahrstoffe (AGS), der Senatskommission zur Prüfung gesundheitsschädlicher Arbeitsstoffe der Deutschen Forschungsgemeinschaft, der Internationalen Krebsagentur (IARC) der WHO und/oder der US-EPA zugrunde gelegt.

Die Kennzeichnung der Europäischen Union gemäß § 4 der Gefahrstoffverordnung wird als für die Bundesrepublik verbindlich übernommen, alternativ wird die des AGS (Technischen Regeln für Gefahrstoffe, TRGS 905) herangezogen. Liegt keine Einstufung der EU oder des AGS vor, wird auf die der Senatskommission der DFG zurückgegriffen bzw., wenn auch diese fehlt, auf Einstufungen der anderen Organisationen. Dabei wird das Datum der jeweils verwendete Datenbasis oder das Jahr der Einstufung nicht berücksichtigt.

Bewertung der kanzerogenen Potenz

Die kanzerogene Potenz wird mittels einer Krebsrisikoberechnung nach dem unit risk-Konzept abgeschätzt und gibt das mit der Aufnahme einer bestimmten Dosis verbunden Risiko für einen Schadenseintritt an.

Qualitätskriterien für unit risk-Schätzungen

Die Berechnung des unit risk erfordert in der Regel die Extrapolation von hohen Konzentrationen in den Niedrigdosisbereich. Diese Extrapolationen können mit erheblichen Unsicherheiten verbunden sein. Daher ist stoffbezogen die Qualität von Krebsrisikoberechnungen zu beurteilen und über die Berücksichtigung der kanzerogenen Potenz als quantitativem Bewertungsmaßstab zu entscheiden. Die Bewertung von kanzerogener Potenz und von kanzerogenem Potential werden dabei getrennt. So kann das unit risk eines Stoffes, der beim Menschen als eindeutig krebserzeugend angesehen wird, als qualitativ ungenügend angesehen werden, wenn die fehlende Dosis-Wirkungsbeziehung eine ausreichend sichere quantitative Aussage nicht zuläßt. Umgekehrt kann das unit risk eines Schadstoffes, der nur bei einer Spezies kanzerogen wirkt (mit Dosis-Wirkungsbeziehung) und deshalb im Sinne z.B. der Gefahrstoffverordnung nicht als eindeutig kanzerogen im Tier angesehen wird, als qualitativ gut angesehen werden. Die Qualität vorliegender unit risk-Ableitungen wird in folgende Kategorien gegliedert (Kalberlah et al., 1999):

Kategorie UR++: „unit risk gut geeignet“:

> Prinzipiell erscheint die linearisierte Abschätzung des zusätzlichen Krebsrisikos im Niedrigrisikobereich (0 bis 10 % Zusatzrisiko) aus gut durchgeführten Tierversuchen und/oder gut abgesicherten epidemiologischen Studien als Grundlage für weitere Risikobetrachtungen gut geeignet. Kenntnisse zum Wirkmechanismus sprechen nicht gegen die gewählte Extrapolationsmethode. Stoffe, bei denen eindeutig eine Wirkungsschwelle für Kanzerogenität vorhanden und quantifizierbar ist, sollen nicht in Kategorie UR++ eingestuft werden.

Kategorie UR+: „unit risk geeignet“:

> Prinzipiell erscheint die linearisierte Abschätzung des zusätzlichen Krebsrisikos im Niedrigrisikobereich (0 bis 10 % Zusatzrisiko) als Grundlage für weitere Risikobetrachtungen geeignet. Kenntnisse zum Wirkmechanismus sprechen nicht gegen die gewählte Extrapolationsmethodik. Die Abgrenzungskriterien für die Zuordnung zur entsprechenden Kategorie sind zu beachten.

Kategorie UR-: „unit risk nicht geeignet“:

> Prinzipiell erscheint eine linearisierte Abschätzung des zusätzlichen Krebsrisikos im Niedrigrisikobereich (0 bis 10 % Zusatzrisiko) als Grundlage für weitere Risikobetrachtungen nicht geeignet, oder es bestehen gravierende Mängel in der Datenlage (Tierversuch oder epidemiologische Studie) und/oder in der verwendeten Extrapolationsmethodik, oder Kenntnisse zum Wirkmechanismus sprechen gegen die gewählte Extrapolationsmethode.

Vorgehensweise bei durch unit risk ungeeigneten Risikoquantifizierungen

Während bei sehr guter und guter unit risk-Qualität (Kategorie UR++ und UR+) die Ergebnisse dieser Risikoextrapolation verwendet werden, liegt für den Fall nicht ausreichender Qualität in der Risikoquantifizierung (Kategorie UR -) kein national oder international konsertiertes Konzept vor. In diesen Fällen wird wie folgt vorgegangen:

- Bei Humankanzerogenen kann bei eindeutiger kanzerogener Potenz wegen Studienmängel, nicht ausreichenden Expositionsdaten, zu kleinem Kollektiv etc. die Risikoextrapolation als qualitativ ungeeignet (UR-) bewertet werden. Hierunter können Kanzerogene der EU-Kategorie 1 sowie Kanzerogene der EU-Kategorie 2 oder 3 fallen, bei denen ein unit risk auf epidemiologischer Basis abgeleitet wurde. Für diese Fälle wird wegen des qualitativ hochwertigen Kanzerogenitätsnachweises, die unit risk-Abschätzung trotz ungenügender Qualität beibehalten.
- Dies gilt wegen der vermutlich fehlenden Wirkungsschwelle auch für gentoxische Stoffe, für die sich die Bewertung UR- ergeben kann, wenn das tierexperimentelle Versuchsdesign deutliche Mängel aufweist.
- Bei Stoffen mit anzunehmender heterogener oder unbekannter Wirkungsstruktur wie Kanzerogene, bei denen Speziesspezifität nicht ausgeschlossen werden kann, mit vermuteten nichtgentoxischem Wirkmechanismus oder bei denen keine angemessene Dosis-Wirkungsbeziehung vorliegt, findet zur Betrachtung kanzerogener Wirkungen bei der Bodenwertberechnung neben der

unit risk-Abschätzung eine weitere Vorgehensweise Anwendung (Konietzka, 1999):
Gegenüber der niedrigsten Dosis, bei der Krebs im Tierversuch mit Signifikanz belegt werden kann (cancerogenic effect level, CEL_{min}) soll ein ausreichender Sicherheitsabstand gewahrt werden, der mindestens die Größenordnung wie für schwere nicht kanzerogene Effekte besitzt. Vereinfachend kann von einem ersten detektierbaren (signifikanten) Krebsrisiko im Tierversuch bei mindestens 10% (Risiko 1:10) der Versuchstiere ausgegangen werden. Als Grundlage für die hieraus vorzunehmende Ableitung von Boden-Prüfwerten muß allerdings auf ein Risiko von 1:100.000 geschlossen werden. Daher wird als Bezugsgröße die CEL_{min}/10.000 aus den Kanzerogenitätsstudien ermittelt. Parallel zu den Bodenprüfwertberechnungen für nicht kanzerogene Wirkungen auf Basis des TRD-Wertes wird mit dieser Bezugsgröße eine Bodenprüfwertberechnung für kanzerogene Wirkungen durchgeführt. Führt die Berechnung mit CEL_{min}/10.000 zu einem niedrigeren Bodenwert, so ist in diesen Fällen die Kanzerogenität als relevanter toxikologischer Endpunkt zu betrachten. Im Rahmen der Plausibilitätsprüfung für den Stoff wird weiterhin diskutiert, ob die zu der Beurteilung als UR- führenden Gründe so gravierend sind, daß der unit risk-Abschätzung geringere Bedeutung zukommt oder ob sie als zusätzliches Argument unter Vergleich zu den Berechnungsergebnissen mit TRD-Wert und CEL_{min}/10.000 zur Bestimmung eines plausiblen Prüfwertes herangezogen werden müssen.

Krebserzeugende Substanzen, für die bisher kein unit risk abgeleitet wurde, werden analog behandelt; d.h. wenn die Kanzerogenitätseinstufung auf Basis tierexperimenteller Daten erfolgte, werden sie so betrachtet, als sei bisher nur eine ungenügende Risikoquantifizierung vorgenommen worden (UR-).

2.3.1.11 Zur Frage einer höheren Empfindlichkeit von Kindern gegenüber krebserzeugenden Stoffen

Ausgangssituation

Bei der Prüfwertableitung im Szenario Kinderspielflächen wird davon ausgegangen, daß orale Bodenaufnahme nur in den ersten acht Lebensjahren stattfindet. Unter der Annahme, daß Kinder und Erwachsene gleich sensitiv auf die Wirkung kanzerogener Stoffe reagieren, kann die mit dem tolerierten Risiko verbundene kumulative Dosis auf acht Jahre verteilt werden (siehe 2.4.1.1.2). Die Annahme einer vergleichbaren Sensitivität von Kindern und Erwachsenen ist anhand stoffspezifischer Daten für die in Anhang 2 Nr. 1 BbodSchV genannten Stoffe überprüft worden. Danach liegen für diese Stoffe keine klaren Hinweise auf eine erhöhte Empfindlichkeit von Kindern vor; für andere Stoffe kann dies gleichwohl gegeben sein (Schneider 1999). Als ein grundlegendes Defizit erscheint es, daß eine generalisierende (modellhafte) Betrachtung noch nicht vorliegt.

Für die Wirkung ionisierender Strahlung liefern epidemiologische Studien Belege für ein höheres Krebsrisiko bei Exposition in der Kindheit gegenüber der Exposition von Erwachsenen. Diese Belege stammen von Untersuchungen an Überlebenden der Atombombenabwürfe in Japan, an Anwohnern eines Atombombentestgebietes im Pazifik und an Tumorpatienten mit Strahlentherapie.

Relevante Daten zu chemischen Stoffen stammen überwiegend aus Tierversuchen. In dieser Beziehung gut untersucht sind Vinylchlorid sowie einige Nitrosamine und -amide. Ebenso liegen einige Studien zu Benzo(a)pyren (B(a)P), weiteren polyzyklischen aromatischen Kohlenwasserstoffen (PAK) wie Dimethylbenzanthracen (DMBA) sowie komplexen, PAK-haltigen Gemischen wie Dieselruß vor. In den Untersuchungen wurden unterschiedliche Studiendesigns verwendet. Gemeinsam zeigen sie auf, daß eine Exposition in frühen Lebensphasen unter ansonsten vergleichbaren Bedingungen zu höherer Tumorhäufigkeit führt als die Exposition erwachsener Tiere. Für eine Reihe weiterer Stoffe liegen ähnliche Ergebnisse aus unterschiedlichen Studien vor. Sie sind nachfolgend dargestellt. Die in der Tabelle 3 genannten Stoffe gelten als gentoxische Kanzerogene. Tatsächlich machen mechanistische Untersuchungen plausibel, daß die höheren Tumorinzidenzen durch ein Zusammenwirken der gentoxischen Aktivität der Stoffe mit der hohen Zellteilungsaktivität in Zielorganen des wachsenden Organismus verursacht werden. Ein vergleichbares Verhalten ist grundsätzlich auch bei anderen Stoffen mit gentoxischer Wirkung anzunehmen.

Tabelle 3: Noxen mit epidemiologischen oder experimentellen Hinweisen auf eine erhöhte Empfindlichkeit des infantilen Organismus (Quellenangaben in Schneider, 1999)

Substanzname	Gentoxizität	Datenbasis
Ionisierende Strahlung	ja	Humandaten
Vinylchlorid	ja	Tierdaten
Diethylnitrosamin	ja	Tierdaten
Methyl- und Ethylnitrosoharnstoff	ja	Tierdaten
Nitrosomorpholin	ja	Tierdaten
N-Methyl-N'-nitrosoguanidin	ja	Tierdaten
Benzidin	ja	Tierdaten
PAK (B(a)P, Teerpech-Aerosol, Dieselruß, DMBA)	ja	Tierdaten
2-Acetylaminofluoren	ja	Tierdaten
Aflatoxin B_1	ja	Tierdaten
Cycasin und Methylazoxymethanol	ja	Tierdaten
Urethan	ja	Tierdaten

Untersuchungen mit Stoffen, für die andere Kanzerogenesemechanismen angenommen werden, erbrachten hingegen keine klaren Belege für eine erhöhte Empfindlichkeit des infantilen Organismus. Polybromierte Biphenyle, Ethylenthioharnstoff und Diphenylhydantoin sind Stoffe ohne gentoxische Wirkung in verschiedenen Testsystemen. Diese Stoffe wurden in Langzeitstudien getestet. Dabei zeigten sich keine relevanten Unterschiede in der Tumorzahl bei Tiergruppen die sowohl pränatal via Muttertier, postnatal mit der Muttermilch als auch nach dem Entwöhnen chronisch mit dem Futter exponiert wurden gegenüber Tieren mit ausschließlicher Exposition nach dem Entwöhnen.

Bei Saccharin, einem in hohen Dosen als Blasenkanzerogen wirkenden Stoff ohne gentoxische Aktivität, wurde allerdings eine Wirkungsverstärkung beobachtet, wenn die Tiere vor und nach der Geburt exponiert waren. Im Gegensatz zu den Versuchen mit den oben genannten gentoxischen Stoffen war die Langzeitexposition im Erwachsenenalter aber für die Tumorbildung notwendig.

Die Datenlage zu kanzerogenen Metallen ist nicht aussagekräftig. Als relevanter Hinweis ist jedoch eine Studie mit Nickelacetat zu werten. Dabei wurden nach Verabreichung in den Bauchraum der Muttertiere durch transplazentare Exposition bei den Nachkommen Nierentumore hervorgerufen. Eine ausführliche Darstellung ist in Schneider (1999) nachzulesen.

Als Schlußfolgerung ergibt sich folgendes:

- Für einige gentoxische Kanzerogene liegen Belege für eine höhere Empfindlichkeit des kindlichen Organismus vor. Diese Stoffe z.B. Vinylchlorid, sind jedoch nicht Gegenstand der Prüfwertableitung im Rahmen des Anhang 2 Nr. 1.4 BBodSchV.
- Werden im Einzelfall der Gefahrenbeurteilung nach § 4 Abs. 5 der BBodSchV allerdings Bewertungen insbesondere für diese Stoffe erforderlich, so ist hierbei eine erhöhte Empfindlichkeit der Kinder im Expositionszeitraum zu beachten. Soweit die toxikologischen Daten für eine Quantifizierung nicht ausreichen, kann eine höhere Empfindlichkeit von Kindern mit Hilfe eines Default-Werte (gesetzter Wert) von in der Regel 10 berücksichtigt werden, durch den die risikobezogene Dosis zu verringern (dividieren) ist.

Für Benzo(a)pyren resp. PAK ist zusätzlich folgendes zu beachten:

- Für PAK ist festgestellt worden, daß epidemiologische oder experimentelle Hinweise auf eine erhöhte Empfindlichkeit des infantilen Organismus vorliegen, und zwar sowohl für PAK-Gemische (DMBA, Teerpech-Aerosole) als auch für B(a)p.

2.3.1.12 Validierung der TRD-Ableitungen

Die Ableitung eines TRD-Wertes als humantoxikologischer Bewertungsmaßstab soll nach Möglichkeit durch Vorlage und Beratung in Expertenkreisen validiert werden.

2.3.2 Gefahrenbezug

2.3.2.1 Verständnis einer gefahrenbezogenen Dosis

Bei einer Belastung des Menschen mit einem Schadstoff bis zur Höhe des auf empfindliche Personengruppen der Allgemeinbevölkerung zugeschnittenen $NOAEL_e$ ist eine Schädigung der Gesundheit selbst empfindlicher Personen nicht wahrscheinlich. Eine Über-

schreitung dieser „praktisch sicheren Dosis" stellt nicht zwangsläufig eine Gesundheitsgefährdung dar; es kann aber gesundheitlich bedenklich sein, wenn die Überschreitung erheblich ist und über längere Dauer erfolgt. Bei einer Belastung der gesunden erwachsenen Bevölkerung in Höhe der niedrigsten Dosis mit für sie noch als wahrscheinlich schädlich bewerteter Wirkung ($LOAEL_E$) erscheint dagegen eine Schädigung der Gesundheit empfindlicher Personen bereits gewiß.

Der Gefahrenbegriff im Sinne des BBodSchG ist allerdings nur mit der hinreichenden Wahrscheinlichkeit eines Schadeneintritts, nicht mit dem sicheren Eintreten der Gefahr, korreliert. Die gefahrenbezogene Dosis GD liegt zwischen dem $NOAEL_e$ und dem $LOAEL_E$. Für empfindliche Individuen wäre der Gefahrenbezug zwischen „unwahrscheinlich" ($NOAEL_e$) und „sehr wahrscheinlich" ($LOAEL_E$), mithin auf dem Niveau „hinreichend wahrscheinlich" anzusetzen. Für die Bestimmung der gefahrenbezogene Dosis ist eine Interpolation notwendig, die von dem $NOAEL_e$ bzw. TRD-Wert ausgeht und zu einem Ergebnis führt, das deutlich kleiner ist als der $LOAEL_E$ und nach Möglichkeit dem vermuteten $LOAEL_e$ entspricht (Konietzka und Dieter, 1998).

2.3.2.2 Stoffe mit Wirkungsschwelle

Das Folgende gilt nur für chronische/lebenslange Expositionen, so daß für die Abschätzung einer gefahrenbezogenen Dosis grundsätzlich nur extrapolierte oder beobachtete Daten chronischer Belastungen herangezogen werden können.

Die gefahrenbezogene Dosis GD ist in dem Bereich zwischen „innere Gesamtexposition größer als $NOAEL_e$" und „innere Gesamtexposition kleiner als $LOAEL_E$" zu suchen. Für die Ableitung der gefahrenbezogenen Dosis muß eine Abschätzung vom $NOAEL_e$ aus auf einen Wert „kleiner als $LOAEL_E$" möglichst nahe heran an den vermuteten $LOAEL_e$ vorgenommen werden. Ein sinnvolles und plausibles Ergebnis für eine gefahrenbezogene Dosis ergibt sich aus der Multiplikation des TRD-Wertes mit jeweils dem geometrischen Mittelwert der humanrelevanten Sicherheitsfaktoren (SF), die für die Extrapolation des TRD-Wertes verwendet worden sind. Dieser Mittelwert entspricht der Quadratwurzel aus dem Gesamtextrapolationsfaktor zwischen dem chronischen $NOAEL_e$ = TRD und dem chronischen gemessenen $NOAEL_{TV}$ (TV = aus Tierversuchen), $LOAEL_E$ oder $NOAEL_E$.

Der Bezug zu den humanrelevanten Sicherheitsfaktoren begründet sich aus Art und Notwendigkeit ihrer Anwendung:

- Mit den Faktoren SF_b und SF_d soll die kritische Dosis-Wirkungskurve für den Menschen (E und e) berücksichtigt und deren toxikologische Relevanz bewerten werden. Die Höhe der Faktoren wird abhängig von der vermuteten Steilheit der Dosis-Wirkungskurve gewählt.
- Der SF_c soll die toxikokinetischen und toxikodynamischen Unterschiede zwischen Versuchstier und Mensch überbrücken. Die Höhe des Faktors ist nicht nur von systematischen Unterschieden (die Wirkstärke ist abhängig von dem Konzentrations-/Zeitintegral im Zielorgan, das sich wiederum entsprechend dem Grundumsatz der verschiedenen Spezies unterscheidet), sondern auch von der vermuteten oder bekannten zwischenartlichen Variabilität der Sensitivität abhängig.

Begründen diese Extrapolationen eine zum Schutz der menschlichen Gesundheit noch tolerierbare Dosis, so führt die Reduzierung dieses (humanbezogenen) Gesamtsicherheitsfaktors zu einer Erhöhung dieser Dosis in einen Bereich zwischen der Wirkungsschwelle für empfindliche Personen und dem $LOAEL_E$. Da die Lage der gefahrenbezogenen Dosis unbekannt ist und mit vertretbarem Aufwand experimentell in der Regel nicht ermittelt werden kann, muß ein angemessenes Surrogat definiert werden. Die Wahl des geometrischen Mittelwertes der humanrelevanten SF als Multiplikator zur Ableitung dieses gesuchten Surrogates aus der tolerierbaren resorbierten Dosis erscheint aus folgenden Gründen plausibel:

- Durch die Bindung an die humanrelevanten SF besteht Stoffspezifität, jedem Stoff wird ein spezifischer Surrogat-$LOAEL_e$ zugedacht.
- Durch die Beachtung der Höhe der Sicherheitsfaktoren besteht Erkenntnisabhängigkeit, da stoffspezifische Erkenntnisse zum Dosis-Wirkungsverlauf in die Extrapolation bzw. Höhe des Faktors eingehen.
- Die denkbaren Ergebnisse sind plausibel, der theoretische $LOAEL_e$ wird maximal erreicht, aber nicht überschritten.

Die geometrische Mittelwertbildung entspricht der gegenseitigen Unabhängigkeit der einzelnen humanrelevanten Sicherheitsfaktoren. Unter Berücksichtigung der jeweils stoffspezifisch zugrundeliegenden Datenbasis wird die Interpolation einer gefahrenbezogenen Dosis für Stoffe mit Wirkungsschwelle mit Hilfe eines entsprechenden Gefahrenfaktors $F_{(Gef)}$ vorgenommen. Es ist wie folgt vorzugehen:

1. Datenbasis $LOAEL_E$ ($F_{(Gef)1} = \sqrt{SF_b \cdot SF_d}$):

   Gefahrenbezogene Dosis GD = TRD-Wert $\cdot \sqrt{SF_b \cdot SF_d}$
2. Datenbasis $NOAEL_E$ ($F_{(Gef)2} = \sqrt{SF_d}$):

   Gefahrenbezogene Dosis GD = TRD-Wert $\cdot \sqrt{SF_d}$
3. Datenbasis $LOAEL_e$ ($F_{(Gef)3} = SF_b$):

   Gefahrenbezogene Dosis GD = TRD-Wert $\cdot SF_b$
4. Datenbasis $NOAEL_{TV}$ oder $LOAEL_{TV}$ ohne Kenntnisse über die Steilheit der Dosis-Wirkungskurven in Versuchstier und Mensch ($F_{(Gef)4} = \sqrt{SF_c \cdot SF_d}$):

   Gefahrenbezogene Dosis GD = TRD-Wert $\cdot \sqrt{SF_c \cdot SF_d}$
5. Datenbasis $LOAEL_{TV}$ bei nachweislich gleicher Steilheit der Dosis-Wirkungskurven in Versuchstier und Mensch ($F_{(Gef)5} = \sqrt{SF_b \cdot SF_c \cdot SF_d}$):

   Gefahrenbezogene Dosis GD = TRD-Wert $\cdot \sqrt{SF_b \cdot SF_c \cdot F_d}$

Der TRD-Wert wird dabei in allen Fällen als „zugeführte Dosis“ (nicht als resorbierter Anteil) angegeben und in die Berechnung der gefahrenbezogenen Dosis einbezogen. Stoffspezifische Angaben enthält die Dokumentation des Umweltbundesamtes (Umweltbundesamt 1999).

Für Stoffe mit Wirkungsschwelle ergibt sich daraus,

- bei toxikologisch weniger gut charakterisierten Stoffen ist der durch das Produkt der humanrelevanten Sicherheitsfaktoren gebildete Abstand zwischen TRD-Wert und tierexperimentell ermitteltem $LOAEL_{TV}$ relativ groß. Die durch Multiplikation des TRD-Wertes mit der Quadratwurzel dieser Sicherheitsfaktoren abgeschätzte gefahrenbezogene Dosis GD liegt deshalb ebenfalls deutlich unterhalb dieses $LOAEL_{TV}$ und überschreitet damit den TRD-Wert relativ wenig. Die Sicherheitsspanne wird, trotz absolut hoher Multiplikation, durch die GD also immer nur zu einem relativ geringen Anteil ausgeschöpft.

- bei toxikologisch gut charakterisierten Stoffen ist der humanrelevante Gesamt-Sicherheitsfaktor zwischen TRD-Wert und dem meist epidemiologisch oder mit anderen Humandaten ermittelten LOAEL relativ gering. Die gefahrenbezogene Dosis GD liegt deshalb nach dem oben formulierten Verfahren relativ knapp unter dem epidemiologisch ermittelten LOAEL, also relativ weit über dem TRD-Wert. Von der Sicherheitsspanne wird also durch die Multiplikation ein höherer Bruchteil ausgeschöpft, obwohl der Multiplikator niedriger ist, als bei einer Datenbasis „Tierversuche".

2.3.2.3 Stoffe ohne Wirkungsschwelle

In Analogie zu den Betrachtungen für Stoffe mit Wirkungsschwelle muß ein Gefahrenfaktor $F_{(Gef)}$ für einen krebserregenden Stoff durch die Multiplikation mit der dem zusätzlichen Risiko entsprechenden Dosis zu einer gefahrenbezogenen Dosis führen, die Gefahren im Sinne des BBodSchG hinreichend wahrscheinlich erscheinen läßt.

Wegen der Wirkung von Kanzerogenen erscheint es plausibel, ein gefahrenbezogenes Risiko für Kanzerogene mit einem in der Regel kleineren maximalen Faktor aus dem zusätzlichen akzeptablen Risiko abzuleiten als entsprechende Wertefür nicht kanzerogene Stoffe. Für Stoffe ohne Wirkungsschwelle wird daher das „gefahrenbezogene" Risiko auf der Basis einer Hochrechnung (Quantifizierung der kanzerogenen Potenz) für das akzeptable zusätzliche Krebsrisiko (ZR_{akz}) abgeleitet, indem dieses zusätzliche rechnerische Risiko mit dem gewählten Faktor $F_{(Gef)} = 5$ multipliziert wird:

Gefahrenbezogenes Risiko = $ZR_{akz} \cdot 5$

(ZR_{akz} = zusätzliches, akzeptables Krebsrisiko)

Für Stoffe ohne Wirkungsschwelle wäre folglich z.B. für $ZR_{akz} = 10^{-5}$ das „gefahrenbezogene" Risiko rechnerisch erreicht, wenn von 100.000 lebenslang mit der entsprechenden Schadstoffdosis belasteten Menschen zusätzlich fünf aufgrund dieser Exposition an Krebs erkranken würden ($ZR_{akz} \cdot 5$). Für kanzerogenverdächtige Stoffe, die nur experimentell mit der Auslösung von Krebs in Verbindung gebracht werden können und/oder für die eine Quantifizierung der kanzerogenen Potenz qualitativ ungenügend ist, ist eine ausreichend tragfähige wissenschaftliche Datenbasis für die Berechnung eines akzeptablen zusätzlichen Krebsrisikos (ZR_{akz}) nicht gegeben. Wegen des im Vergleich zu den Nicht-Kanzerogenen verbleibenden Kanzerogenitätsverdachts kann in Anlehnung an die Vorgehensweise der WHO für Trinkwasserleitwerte ein zusätzlicher Sicherheitsfaktor in Höhe von 10 bzw. ein Multiplikator von 0,10 für die Gefährdungsabschätzung solcher Stoffe verwendet werden. Bei lediglich möglicher kanzerogener Wirkung kann dieser Multiplikator zusätzlich auf den pfadgleichen TRD-Wert für langfristige Exposition angewendet werden, so daß ein Wert erhalten wird, der 10mal tiefer ist, als der abgeleitete toxikologische TRD-Wert für dieselbe Substanz. Zur Ermittlung einer gefahrenbezogenen Dosis wird dieser Wert in gleicher Weise mit dem von der Datenbasis abhängigen Faktor $F_{(Gef)}$ multipliziert, wie er für alle Substanzen und abhängig von der Datenlage (Nr. 2.3.2.2 Punkte 1-5) definiert wurde:

$$\text{Gefahrenbezogene Dosis}_{(mkanz)} = \text{TRD-Wert} \cdot 0{,}1 \cdot F(Gef)$$

Die Entscheidung, welcher toxikologische Endpunkt einer Werteableitung zugrunde gelegt werden soll, muß, insbesondere vor dem Hintergrund nicht eindeutig ermittelbarer Kanzerogenitätspotentiale (EU-Legaleinstufung C 3, mögliches Kanzerogen), im stoffspezifischen Einzelfall der Ableitung entschieden werden.

2.3.3 Hintergrundbelastung / Ausschöpfungsquote

Die gefahrenbezogene Körperdosis soll durch die gesamte Belastung über alle Pfade zum Menschen hin für den relevanten Stoff nicht überschritten werden. Die Gesamtbelastung des Menschen besteht aus der Belastung durch die schädliche Bodenveränderung und aus einer Hintergrundexposition über Nahrungsmittel und Umgebungsluft.

Für die Berücksichtigung dieser Hintergrundbelastung sollten nach Möglichkeit Daten zur realen Belastung mit dem entsprechenden Stoff herangezogen werden. Es liegen allerdings nur für wenige Stoffe empirische Daten über die („Hintergrund"-)Belastung der Nahrung und der Luft vor. Nach einer überschlägigen Berechnung für die Stoffe Arsen, Blei und Cadmium hat sich die Annahme einer 80 %igen Auslastung der tolerierbaren Dosis angeboten. Auch für die übrigen Stoffe ist nicht davon auszugehen, daß die tatsächliche

Belastung der Nahrung und der Luft diesen Wert wesentlich überschreitet und sich damit zum Nachteil des Schutzgutes auswirkt. Es wird daher von einer Hintergrundbelastung mit 80 % des TRD-Wertes als Regelannahme ausgegangen. Im Falle von systemischer Wirkung gilt dies auch für die Betrachtung der inhalativen Exposition.

Für weitere Stoffe, für die Datengrundlagen hinsichtlich der Hintergrundbelastung (wenn möglich aus Duplikatstudien) vorliegen, können nach oben und nach unten abweichende Annahmen getroffen werden. Der Gefahrenbezug wird insoweit betroffen, als die tatsächliche oder angenommene Hintergrundbelastung des Menschen als entsprechende Teilmenge des TRD-Wertes von der gefahrenbezogenen Körperdosis abgezogen wird.

In der Annahme zur Höhe der Hintergrundbelastung ist in der Regel auch eine geringfügig erhöhte Aufnahme über andere, hier nicht betrachtete, von Bodenbelastungen ausgehende Wirkungspfade eingeschlossen (z.B. bodenbürtigem Hausstaub, wofür eine exakte Quantifizierung zur Zeit nicht möglich ist). Ist eine erhebliche Aufnahme über mehrere Pfade anzunehmen, so sollte dies grundsätzlich im Einzelfall ermittelt werden.

Da im Falle von kanzerogenen Wirkungen das durch die schädliche Bodenveränderung verursachte **zusätzliche** Krebsrisiko beurteilt wird, entfällt hier die rechnerische Berücksichtigung der Hintergrundbelastung. Auch bei Stoffen mit lokaler Wirkung auf den Atemtrakt entfällt die Berücksichtigung der Gesamthintergrundbelastung.

2.3.4 Liste vorliegender humantoxikologischer Bewertungsmaßstäbe und Begründungen

Für nachstehende Stoffe oder Stoffgruppen liegen beim Umweltbundesamt humantoxikologische Bewertungen (soweit von der Datengrundlage her möglich mit TRD-Werten) und Begründungen vor (siehe auch Eikmann et al. 1999).

Tabelle 4: Stoffe mit vorliegenden humantoxikologischen Bewertungsmaßstäben (TRD-Werten)

Lfd. Nr.	Name	CAS-Nr.:	Lfd. Nr.	Name	CAS-Nr.:
1	Acenaphthen	83-32-9	51	HCH ; gamma-	58-89-9
2	Acrylnitril	107-13-1	52	Hexachlorbenzol	118-74-1
3	Aldrin	309-00-2	53	Hydrochinon	123-31-3
4	Ammonium u. Verb	-	54	Kresole	1319-77-3
5	Anthracen	120-12-7	55	Kupfer u.Verb.	7440-50-8 (Cu)
6	Antimon u.Verb	7440-36-0 (Sb)	56	Mineralöle	8012-95-1
7	Arsen und Verb.	7440-38-2 (As)	57	Moybdän	7439-98-7
8	Asbest	1332-21-4 (As)	58	Monochlorphenole	96-57-8 (2-CP)
9	Benzin	8006-61-9	59	Naphthalin	91-20-3
10	Benzo(a)pyren	50-32-8	60	Natriummetavanadat	13718-26-8
11	Benzol	71-43-2	61	Nickel u.Verb.	7440-02-0 (Ni)
12	Beryllium u.Verb.	7440-41-7 (Be)	62	Nitrobenzol	98-95-3
13	Blei u. Verb.	7439--92-1	63	Oktan	111-65-9
14	Buthylbenzylphthalat	85-68-7	64	PAH	-
15	Cadmium u.Verb.	7440-43-9 (Cd)	65	Pentachlorphenol	87-86-5
16	Chlorbenzol	108-90-7	66	Phenanthren	85-01-8
17	Chloroform	67-66-3	67	Phenol	108-95-2
18	Chrom (VI)	18540-29-9 (VI)	68	Polychlor. Biphenyle	1336-36-3
19	Chrom (auß. Cr. VI)	-	69	Polychlor. Naphthaline	-
20	Cobalt	7440-48-4	70	Pyridin	110-86-1
21	Cyanide	57-12-5	71	Quechsilber (org.)	115-09-3

Fortsetzung von Tabelle 4

22	DDT	50-29-3 (p,p-DDT)	72	Quecksilber (anorg.)	7439-97-6
23	Di-n-buthylphthalat	84-74-2	73	Selen u.Verb.	7782-49-2 (Se)
24	Dibromethan	106-93-4	74	Styrol	100-42-5
25	Dichlorbenzol; m-	541-73-1	75	TCDD/F	1746-01-6
26	Dichlorbenzol; o-	95-50-1	76	Teer/-öle	8007-45-2
27	Dichlorbenzol; p-	106-46-7	77	Tetraalkylblei	75-74-1 Pb(Et)4
28	Dichlorethan; 1,1-	75-34-3	78	Tetrachlorethan;1,1, 2,2-	79-34-5
29	Dichlorethan; 1,2-	107-06-2	79	Tetrachlorethen (PER)	127-18-4
30	Dichlorethen; 1,1-	75-35-4	80	Tetrachlormethan	56-23-5
31	Dichlorethen; 1,2-	156-59-2(cis)	81	Tetrachlorphenol	58-90-2 (2,3,4,6)
32	Dichlormethan	75-00-2	82	Tetrahydrofuran	109-99-9
33	Dichlorphenol	120-83-2 (2,4-)	83	Thallium u.Verb.	7440-28-0(Tl)
34	Dichlorpropan; 1,2-	78-87-5	84	Thiocyanate, anorg.	-
35	Diethylhexylphthalat	117-81-7	85	Toluol	108-88-3
36	Diethylphthalat	84-66-2	86	Trichlorbenzol; 1,2,4-	120-82-1
37	Dihydroxybenzol; 1,2-	120-80-9	87	Trichlorethan; 1,1,1-	71-55-6
38	Dinitrophenol; 2,4-	51-28-5	88	Trichlorethan; 1,1,2-	79-00-5
39	Dinitrotoluol; 2,4-	121-14-2	89	Trichlorethen	79-01-6
40	Dinitrotoluol; 2,6-	606-20-2	90	Trichlorphenole; 2,4,5-	95-95-4
41	Dinitrotoluol;techn.	25321-14-6	91	Trimethylbenzol; 1,3,5-	108-67-8
42	Epichlorhydrin	106-89-8	92	Trinitrotoluol; 2,4,6-	118-96-7
43	Ethylbenzol	100-41-4	93	Uran	7440-61-1
44	Fluoranthen	206-44-0	94	Vanadiumpentoxid	1314-62-1

Fortsetzung von Tabelle 4

45	Fluoren	86-73-7	95	Vanadylsulfat	27774-13-6
46	Fluoride	7681-49-4 (NaF)	96	Vinylchlorid	75-01-4
47	Fluorsilikate	16893-85-9 (Na-)	97	Xylole	1330-20-7
48	HCH; Gemisch	-	98	Zink u. Verb.	7440-66-6 (Zn)
49	HCH ; alpha-	319-84-6	99	Zinn; anorg.	7440-31-5
50	HCH ; beta-	319-85-7			

2.4 Expositionannahmen im Rahmen der Ableitung von Prüfwerten

2.4.1 Nutzungsszenarien im Überblick

In Kapitel 2.1 wurden die für die Prüfwertberechnung für den direkten Übergang Boden - Mensch relevanten Nutzungsszenarien beschrieben:

- Kinderspielflächen
- Wohngebiete
- Park- und Freizeitanlagen
- Industrie- und Gewerbeflächen.

In Abhängigkeit von den Charakteristika der potentiell exponierten Personengruppen ist davon auszugehen, daß in den verschiedenen Szenarien unterschiedliche Expositionspfade relevant sind. Folgende Expositionspfade werden im Regelfall betrachtet:

- orale Bodenaufnahme
- inhalative Bodenaufnahme (Inhalation kontaminierter Stäube)
- dermale Bodenaufnahme (perkutane Resorption).

Danach ergeben sich für die verschiedenen Szenarien folgende zu berücksichtigende Expositionspfade.

Tabelle 5: In Abhängigkeit von der Nutzung zu betrachtende Expositionspfade

Exposition durch	orale BA[1)]	inhalative BA	dermale BA
Kinderspielflächen	X	X	X
Wohngebiete	X	X	X
Park- und Freizeitanlagen	X	X	X
Industrie- und Gewerbeflächen		X	

[1)] BA = Bodenaufnahme

Nachfolgend wird die Berechnung von Bodenwerten für die genannten Expositionspfade beschrieben.

2.4.1.1 Orale Bodenaufnahme

2.4.1.1.1 Expositionsfaktoren

Die Beurteilung der Wirkung von Schadstoffgehalten in Böden im Hinblick auf die menschliche Gesundheit hat nicht nur auf Basis einheitlicher toxikologischer Grundlagen, sondern auch auf Grund einheitlich verwendeter Annahmen und Faktoren zur Beschreibung der Expositionsbedingungen zu erfolgen. Dabei entscheidet in der Regel die Nutzung der Fläche über den jeweils zu betrachtenden relevanten Expositionspfad und die betroffenen Personengruppen.

Es ist festzuhalten, daß die für die Ableitung von Bodenwerten zugrunde zu legenden Bodenaufnahmeraten nicht streng wissenschaftlich im Sinne umfangreicher Tests begründet sind. Sie können und sollten sich soweit wie möglich auf empirische Daten stützen. Vielfach ist es aber unumgänglich, auf Konventionen zurückzugreifen, die aber anhand empirischer Untersuchungen plausibel begründet sein müssen. Es werden folgende Annahmen für die Abschätzung der ingestiven Bodenaufnahme herangezogen:

Kinder: 10 kg Körpergewicht; 0,5 g Bodenaufnahme pro Tag.

Die Kalkulation der Expositionsbedingungen des Szenarios „Kinderspielfläche“ wird analog für die anderen Nutzungskategorien Wohngebiet bzw. Park- und Freizeitanlagen interpretiert, indem für diese eine jeweils geringere Exposition um den Faktor 2 bzw. Faktor 5 angenommen wird, die durch die geringere Zugänglichkeit des (offenen) Bodenmaterials gegeben ist. Die Expositionsfaktoren für das Szenario „Kinderspielfläche" sind an den in der internationalen Literatur angegebenen Untersuchungsbefunden orientiert.

Zur Begründung wird folgendes angeführt:

- Körpergewicht: Es wird davon ausgegangen, daß das Szenario „Kinderspielfläche" für Kinder im Alter von 1 bis 8 Jahren relevant ist. In der Literatur ist unumstritten, daß Kinder im Alter von 1 bis 3 Jahren verhaltensbedingt wesentlich mehr Bodenmaterial aufnehmen als Kinder im Alter von 4 bis 8 Jahren. In einer Zusammenstellung der AGLMB (BAGS, 1995) wird der Medianwert des Körpergewichtes von 1 bis 3jährigen mit 9,1 bis 15 kg, derjenige von 4 bis 6jährigen mit 16,2 bis 21,6 kg und der 7 bis 9jährigen mit 23,27 bis 29 kg angegeben; für den ungünstigen, seltenen Fall werden 7,6 und 13,54 bzw. 18,7 kg angegeben. Auf der Grundlage dieser Daten wird für die Ableitung von Prüfwerten im Sinne des ungünstigen Falles von einem Körpergewicht von 10 kg ausgegangen.

  Bodenaufnahme / Menge: Messungen und Beobachtungen zu durch Kinder beim Spielen regelmäßig aufgenommenen Bodenmengen liegen vorwiegend aus den USA und aus den Niederlanden vor. Die Interpretation und eine Übertragung der Ergebnisse auf deutsche Verhältnisse hat eine Reihe methodischer Probleme zu beachten. So benutzen die Schlüsselstudien unterschiedliche Untersuchungskonzepte bei unterschiedlichen untersuchten Zielgruppen. Beispiele hierfür sind etwa, ob und inwieweit die Aufnahme von Boden mit der von Hausstaub korreliert wird, ob und inwieweit die Aufnahme von Schadstoffen durch die Nahrung und durch andere Quellen erfaßt wird. Zudem ist zu berücksichtigen, daß der Untersuchungszeitraum (z.B. zwei mal vier Tage) zu kurz ist, um Aussagen über die gewöhnlich übliche Aufnahme abzuleiten und daß teilweise Probleme durch eine unvollständige Probennahme hinsichtlich Nahrungsmitteln, Urin und Stuhl beobachtet werden und Unsicherheit über die Heterogenität der Stoffgehalte der untersuchten Böden besteht. Schließlich ist auch die soziale Stellung der untersuchten Kinder zu beachten (z.B. Universitätskindergarten in den USA). Die U.S.-EPA hat eine Überarbeitung des „Exposure Factors Handbook" vor-

gelegt (EPA, 1997). Hierin wird festgehalten, daß die in der Literatur angegebenen Mittelwerte eine Annahme von 200 mg/Tag Bodenaufnahme stützen, wobei jedoch die Möglichkeit eingeräumt wird, daß sich eine höhere Aufnahme ergibt, wenn über einen längeren Zeitraum gemessen würde. Aus den Studien ergeben sich laut EPA obere Perzentilwerte (90. Perzentil) von 106 mg/Tag bis 1 432 mg/Tag, im Mittel 383 (nur Bodeningestion) bzw. 587 mg/Tag (Boden- und Staubingestion).
Eine neuere Untersuchung mit 64 Kindern im Alter von 1 bis 6 Jahren in den USA, die in der Nähe eines mit Arsen kontaminierten Bereichs lebten, ergab eine Bodenaufnahme von im Mittel 117 mg/Tag und einem 90. Perzentil von 277 mg/Tag. Der Maximalwert lag bei 899 mg/Tag (Walker und Griffin, 1998). Dieses Angaben stützen die hier gewählte Vorgehensweise, im Sinne des Grundsatzes, daß der ungünstige Fall zur Ableitung von Prüfwerten herangezogen werden soll, von 500 mg/Tag auszugehen.

Bodenaufnahme / Frequenz: Die Unterstellung, daß eine Bodenaufnahme an 365 Tagen im Jahr stattfindet, erscheint unter mitteleuropäischen Witterungsbedingungen und bei den bestehenden sozialen Verhältnissen nicht plausibel. Es muß davon ausgegangen werden, daß bei „schlechtem Wetter“ andere Freizeitmöglichkeiten genutzt werden. Andererseits gibt das o.g. EPA-Handbuch zu bedenken, daß, obwohl die Expositionsmessungen durchweg im Sommer vorgenommen worden sind, eine Bodenaufnahme während der Wintermonate nicht als null anzusehen ist. Im Sinne einer Annahme des ungünstigen Falles ist daher eine entsprechend angepaßte Frequentierung anzunehmen. Allerdings liegen entsprechende Untersuchungen des Freizeitverhaltens für Deutschland nicht vor. Als plausible Annahme wird daher eine Nutzungsfrequenz von 240 Tagen im Jahr angenommen. Dies erscheint auch im Hinblick auf die Exposition bei anderen Nutzungen (Wohngebiete) als eine konsistente Annahme.

Zur Beurteilung von Industrie- und Gewerbeflächen und der dort vorherrschenden inhalativen Bodenaufnahme, erscheint die Anwendung eines pauschalen Multiplikationsfaktors auf die anderen Nutzungsklassen wegen der unterschiedlichen Aufnahmepfade nicht begründet. Der andere Expositionspfad, der ggf. andere Wirkort und die möglicherweise unterschiedliche Resorption in der Lunge und im Magen-Darm-Trakt machen die Quantifizierung der inhalativen Bodenaufnahmerate notwendig.

Versuche zur Quantifizierung der ingestiven Bodenaufnahme durch Erwachsene haben bei sehr schmaler Datenbasis zur Annahme einer minimalen ingestiven Bodenaufnahme geführt. Sie dokumentiert im Grunde nur, daß Erwachsene Boden oral aufnehmen, die Menge aber zu vernachlässigen ist. Zur Abschätzung der ingestiven Bodenaufnahme durch Erwachsene geben die US-amerikanischen Studien keine ausreichend verläßliche Entscheidungsgrundlage für die Ableitung von Bodenwerten. In der Literatur und auch in dem weiter oben genannten Exposure Factor Handbook, EPA, 1997, wird von 50 mg/Tag ausgegangen. Diese Annahme stellt einen selbst im Vergleich zu den für die Bodenaufnahme durch Kinder angestellten Überlegungen recht willkürlichen Versuch dar, zu signalisieren, daß die Bodenaufnahme durch Erwachsene nicht „vergessen" worden ist.

Das Bemühen, die Variabilität von Wirkungsdaten sowie die Bandbreite ([Un-]Sicherheit) von Annahmen und Daten zur Exposition zu berücksichtigen, hat vor allem in den USA, NL und UK zu Ansätzen geführt, statistische Häufigkeitsverteilungen mit sogenannten Monte-Carlo - Methoden zu berechnen. Hierdurch soll eine verbesserte Absicherung der getroffenen Konventionen erreicht werden. Eine Analyse von Häufigkeitsverteilungen kann, soweit die statistischen Voraussetzungen hinsichtlich der Kollektivgröße etc. gegeben sind, auch zur weiteren Sachverhaltsermittlung im Einzelfall eingesetzt werden. Insbesondere können statistische Analysen von Häufigkeitsverteilungen dazu dienen, zu prüfen, ob mehrfache Verknüpfungen von „ungünstigen Fällen" zu einem unverhältnismäßig unwahrscheinlichen Fall führen.

2.4.1.1.2 Direkte Bodenaufnahme bei Kanzerogenen

Als toxikologische Basisdaten liegen im Falle von Kanzerogenen Krebsrisikoberechnungen vor, die das zusätzliche Krebsrisiko bei lebenslanger Aufnahme einer Einheitsdosis darstellen (siehe Nummer 2.3.1). Bei krebserzeugenden Stoffen wird von einem kalkulatorischen Krebsrisiko von $1 \cdot 10^{-5}$ je Einzelstoff durch die orale Bodenaufnahme ausgegangen. Ein Gefahrenbezug wird dann gesehen, wenn das Populationsrisiko von $5 \cdot 10^{-5}$ überschritten wird. Dementsprechend beträgt die gefahrenbezogene Körperdosis das 5fache der mit einem Krebsrisiko von $1 \cdot 10^{-5}$ verknüpften Dosis (siehe Nummer 2.3.2).

Bei den Berechnungen wird im Falle der kanzerogenen Stoffe mit Bezug auf das Lebenszeitrisiko proportional auf die Expositionszeit bzw. die zu bewertende kumulierte Dosis umgerechnet. Dies bedeutet, daß die einem kalkulatorischen Risiko von entsprechend 1 : 100.000 aufgenommene lebenslange Schadstofffracht auf die 8 Jahre, in denen die orale Bodenaufnahme relevant ist, verteilt werden muß. Dies ergibt mit einem angenommenen Lebensalter von 70 Jahren und der angenommenen Bodenaufnahmezeit von 8 Jahren den Faktor L von 8,75 (70 a / 8 a). Diese Vorgehensweise unterstellt, daß ab dem achten Lebensjahr keine Exposition durch orale Aufnahme aus der schädlichen Bodenveränderung mehr erfolgt und daß von einer linearen Beziehung zwischen Krebsrisiko und Expositionszeit ausgegangen wird.

Zur Frage einer höheren Sensibilität von Kindern gegenüber kanzerogenen Stoffen liegen für einige Stoffe experimentelle Hinweise vor. Diese wurden zusammenfassend in Nummer 2.3.1.11 beschrieben.

2.4.1.1.3 Berechnungsformeln für die orale Bodenaufnahme

Berechnungsformel für nichtkanzerogene Wirkung

Mit den oben beschriebenen Expositionsfaktoren

- Körpergewicht 10 kg
- tägliche orale Bodenaufnahme: 500 mg/d
- Aufenthaltszeit 240 d/a

ergibt sich eine orale Bodenaufnahmerate von 33 mg/kg · d im Szenario Kinderspielflächen.

Für die Szenarien Wohngebiet sowie Park- und Freizeitflächen ergeben sich mit der Annahme einer um den Faktor 2 bzw. 5 geringeren Bodenaufnahme folgende Bodenaufnahmeraten:

- Wohngebiet: 16,5 mg/kg · d
- Park- und Freizeitflächen: 6,6 mg/kg · d

Der Prüfwert für Kinderspielflächen wird dann wie folgt berechnet:

Formel 1:

$$Prüfwert\ [mg/kg] = \frac{Gefahrenbezogene\ Körperdosis}{Bodenaufnahmrate}$$

$$= \frac{Zugeführte\ Dosis \bullet (Gefahrenf.\ F_{(Gef)} - Standardw.\ Hintergrund)}{Bodenaufnahmerate}$$

$$= \frac{Zugeführte\ Dosis\ [\frac{ng}{kg \bullet d}] \bullet (F_{(Gef)} - 0,8)}{33 \frac{mg}{kg \bullet d}}$$

Gefahrenbezogene Körperdosis	= nach Nummer 2.3.2 .
Bodenaufnahmerate	= nach Nummer 2.4.1.1
zugeführte Dosis (auf Zufuhr umgerechnete tolerierbare resorbierte Dosis)	= nach Nummer 2.3.1
Gefahrenfaktor	= nach Nummer 2.3.2
Standardwert Hintergrund	= nach Nummer 2.3.3

Die Berechnung für Wohngebiete bzw. Park- und Freizeitflächen erfolgt analog mit dem jeweiligen Wert für die Bodenaufnahmerate.

Berechnungsformel für kanzerogene Wirkung

Mit den oben beschriebenen Expositionsannahmen zur Bodenaufnahme nur während der ersten 8 Lebensjahre ergibt sich wie oben beschrieben ein Expositionszeitfaktor L von 8,75. Bewertungsgrundlage ist die Dosis, die einem Risiko von 1 : 100.000 (= $1 \cdot 10^{-5}$) entspricht. Der Gefahrenfaktor ist wie oben beschrieben im Falle von kanzerogenen Wirkungen 5. Mit den obigen Bodenaufnahmeraten ergibt sich als Berechnungsformel für die orale Exposition gegenüber Kanzerogenen im Szenario Kinderspielflächen:

Formel 2:

$$Prüfwert\ [mg/kg] = \frac{Gefahrenbezogene\ Körperdosis \bullet Expositionszeitfaktor\ L}{Bodenaufnahmrate}$$

$$= \frac{Dosis\ bei\ Risiko\ 10^{-5} \bullet Gefahrenfaktor\ F_{(Gef)} \bullet L}{Bodenaufnahmerate}$$

$$= \frac{Dosis\ bei\ Risiko\ 10^{-5}\ [\frac{ng}{kg \bullet d}] \bullet 5 \bullet 8{,}75}{33\ \frac{mg}{kg \bullet d}}$$

Expositionszeitfaktor	= nach Nummer 2.4.1.1.2 in Verbindung mit Nummer 2.3.1.11
Dosis bei Risiko 10^{-5}	= nach Nummer 2.3.1.5

Die Berechnung für Wohngebiete bzw. Park- und Freizeitflächen erfolgt analog mit dem jeweiligen Wert für die Bodenaufnahmerate.

2.4.1.2 Inhalative Bodenaufnahme in den Szenarien Kinderpielflächen, Wohngebiete sowie Park- und Freizeitanlagen

2.4.1.2.1 Expositionsfaktoren

Ergänzend zu der Berechnung der oralen Schadstoffaufnahme wird die inhalative Aufnahme von Boden-Feinpartikeln insbesondere für solche Stoffe berücksichtigt, bei denen die inhalative Aufnahme wesentlich toxischer ausfällt als die orale (andere Endpunkte, andere Resorption).

Im Nutzungsszenario Kinderspielflächen kommt der Wert von 1 mg/m^3 Staub in der Luft zur Anwendung. Dieser Wert basiert auf einem Simulationsversuch bei Gartenarbeit unter trockenen Witterungsbedingungen zur Abschätzung der Exposition eines während der Gartenarbeit in der Nähe spielenden Kindes. Der Versuch ist im Bericht der Arbeitsgruppe „Risikoabschätzung und -bewertung in der Umwelthygiene" des Ausschusses für Umwelthygiene (AUH) der AGLMB (BAGS, 1995) angeführt. Es wurden 6 mg/m^3 atembarer Staub gemessen, so daß die hier als wirkungsrelevant angenommene Menge plausibel erscheint.

In der Prüfwertberechnung für inhalative Aufnahme ist ein Anreicherungsfaktor Boden/Staub zu berücksichtigen.

Anreicherungsfaktor (A)

Die Feinkornfraktion des Bodens weist aufgrund physikalischer Gegebenheiten eine relativ zur Grobkornfraktion (und zur Masse) höhere Anreicherung von Schadstoffen auf. Zur Berücksichtigung dieser relativ höheren Anreicherung von Schadstoffen in der Feinkornfraktion wird ein Anreicherungsfaktor von 5 für anorganische Stoffe und Faktor 10 für organische Stoffe angenommen. Soweit in Einzelfällen für zu bewertende Böden besondere Materialien wie z.B. Kohlestaub vorkommen und bewertungsrelevant sind, ist der Anreicherungsfaktor unter Umständen anzupassen.

Der Faktor 5 für anorganische Stoffe ist für Blei aus der Studie Dresch et al. (1976) belegt, andere Untersuchungen stützen dies (Reich und Frels, 1992). Über die Anreicherung organischer Stoffe liegen keine Informationen aus der Literatur vor. Erfahrungen aus den Dioxin-Messungen im Kieselrot zeigen, daß abhängig von den verglichenen Korngrößenfraktionen verschieden starke Anreicherungen gefunden werden. Der Faktor 10 scheint aber ausreichend konservativ.

2.4.1.2.2 Berechnungsformeln

Bodenaufnahmeraten

Für das Expositionsszenario Kinderspielfläche und inhalative Bodenaufnahme wird für das Schutzgut Kind

- mit einem Körpergewicht von 10 kg,
- einem Atemvolumen bei mäßiger Aktivität 15 m^3/d (= 0,625 m^3/h),
- einer Spielzeit von 2 h/d an 240 d/a,
- einem angenommenen Staub-Konzentrationswert von 1 mg/m^3 Luft

eine Aufnahmerate von 0,082 mg/kg · d zugrunde gelegt. Für die Szenarien Wohngebiet sowie Park- und Freizeitflächen ergeben sich wiederum mit der Annahme einer um den Faktor 2 bzw. 5 geringeren täglichen Bodenaufnahme folgende Bodenaufnahmeraten:

- Wohngebiet: 0,041 mg/kg · d
- Park- und Freizeitflächen: 0,0205 mg/kg · d

Der Bodenwert für die inhalative Staubaufnahme auf Kinderspielflächen ergibt sich dann wie folgt:

Formel 3:

$$\text{Prüfwert [mg/kg]} = \frac{\text{Zugeführte Dosis} \bullet (\text{Gefahrenf. } F_{(Gef)} - \text{Standardw. Hintergrund})}{\text{Bodenaufnahmerate} \bullet\bullet \text{AnreicherungsfaktorA}}$$

$$= \frac{\text{Zugeführte Dosis} \left[\frac{\text{ng}}{\text{kg} \bullet \text{d}}\right] \bullet\bullet (F_{Gef} - 0{,}8)}{0{,}082 \frac{\text{mg}}{\text{kg} \bullet\bullet \text{d}} \bullet\bullet \text{A}}$$

Die Berechnung für Wohngebiete bzw. Park- und Freizeitflächen erfolgt analog mit dem jeweiligen Wert für die Bodenaufnahmerate.

Respirationstoxische Stoffe

Für Stoffe, bei denen die lokale Wirkung im Atemtrakt bewertungsrelevant ist, wird eine tolerable Luftkonzentration, die Referenz-Konzentration (RK) angegeben (siehe Nummer 2.3.1). In diesem Fall wird bei der Prüfwertberechnung keine Körperdosis berechnet. Bei Wirkungen auf den Atemtrakt ist davon auszugehen, daß die lokale Konzentration am Wirkort und nicht die in den Körper aufgenommene Dosis entscheidend für die Ausprägung der Wirkung ist. Es kann deshalb eine Äquipotenz der Expositionskonzentration bei Individuen unterschiedlichen Körpergewichts angenommen werden. Mit den obigen Angaben zur Aufenthaltszeit kann ein Gewichtungsfaktor G von 18,25 (24 h/2 h x 365 d/240 d) angegeben werden, der die anteilige Aufenthaltszeit berücksichtigt. Als Staubkonzentration wird wie oben 1 mg/m³ verwendet.
Formel 4:

$$\text{Pr}\mathit{üfwert}\ [mg/kg] = \frac{\mathit{Referenzkonzentration\ RK} \bullet F_{Gef} \bullet \mathit{Gewichtungsfaktor\ G}}{\mathit{Staubkonzentration} \bullet \mathit{Anreicherungsfaktor\ A}}$$

$$= \frac{RK\ [\frac{ng}{m^3}] \bullet F_{Gef} \bullet 18{,}25}{1 \frac{mg}{m^3} \bullet A}$$

Kanzerogene Stoffe

Im Falle von Stoffen mit krebserzeugender Wirkung wird analog zur Vorgehensweise bei oraler Exposition verfahren. Bewertungsgrundlage ist die zugeführte Körperdosis, die aus einer lebenslangen Inha-

lation des Stoffes resultiert, und zwar bei einer Konzentration, die einem zusätzlichen Krebsrisiko von 1 : 100.000 entspricht Der Gefahrenfaktor $F_{(Gef)}$ ist wiederum 5. Die Annahme, daß nur in den ersten 8 Lebensjahren eine Exposition gemäß den hier behandelten Szenarien erfolgt, resultiert im Expositionszeitfaktor 8,75. Wie bei nichtkanzerogener inhalativer Belastung wird die Anreicherung von Schadstoffen im Staub mit dem Anreicherungsfaktor A (für anorganische Stoffe 5, für organische Stoffe 10) berücksichtigt.
Formel 5:

$$\text{Prüfwert [mg/kg]} = \frac{\text{Dosis bei Risiko } 10^{-5} \bullet \text{Gefahrenfaktor } F_{(Gef)} \bullet \text{Expositionszeitfaktor } L}{\text{Bodenaufnahmerate} \bullet \text{Anreicherungsfaktor } A}$$

$$= \frac{\text{Dosis bei Risiko } 10^{-5} \left[\frac{ng}{kg \bullet d}\right] \bullet 5 \bullet 8{,}75}{0{,}082 \frac{mg}{kg \bullet d} \bullet A}$$

Wie für nichtkanzerogene respirationstoxische Stoffe beschrieben, wird auch im Falle von kanzerogenen Stoffen, die vorwiegend lokale Tumoren im Atemtrakt verursachen, auf die Berechnung einer tolerablen Körperdosis verzichtet. Als Bewertungsgrundlage wird die Luftkonzentration zugrunde gelegt, die einem zusätzlichen Krebsrisiko von 1 : 100.000 entspricht. Analog zur Vorgehensweise bei Formel 4 findet die anteilige Expositionszeit von 2 h pro Tag und 240 Tagen pro Woche im Gewichtungsfaktor G (24/2 x 365/240 = 18,25) Berücksichtigung. Es wird wiederum die Staubkonzentration zu 1 mg/m^3 festgelegt.
Formel 6:

$$\text{Prüfwert [mg/kg]} = \frac{\text{Konz. bei Risiko } 10^{-5} \bullet\bullet F_{(Gef)} \bullet \text{Gewichtungsf. G} \bullet \text{Expositionszeitf. L}}{\text{Staubkonzentration} \bullet \text{Anreicherungsfaktor A}}$$

$$= \frac{\text{Konz. bei Risiko } 10^{-5} \left[\frac{ng}{m^3}\right] \bullet 5 \bullet 18{,}25 \bullet 8{,}75}{1 \frac{mg}{m^3} \bullet\bullet A}$$

2.4.1.3 Inhalative Bodenaufnahme im Szenario Industrie- und Gewerbegrundstücke

2.4.1.3.1 Expositionsfaktoren

Wesentlicher Expositionspfad für die Ableitung der Prüfwerte im

Szenario Industrie- und Gewerbegrundstücke ist die langfristige inhalative Aufnahme. Bei der Abschätzung der inhalativen Exposition sind mehrere expositionsabhängige Parameter zu berücksichtigen. Bei partikulären Verunreinigungen handelt es sich um die Atemrate, die Expositionshäufigkeit, die Bestimmung der lungengängigen Fraktion bzw. des Anteils atembaren Staubes am Gesamtstaub, die Deposition der eingeatmeten staubförmigen Partikel, die Anreicherung bzw. den Kontaminationsanteil im Boden im Verhältnis zum Staub sowie die Staubkonzentration in der Außenluft. Eine umfassende Abschätzung aller Faktoren zur Charakterisierung des Expositionsszenarios ist für die Ableitung von Prüfwerten nicht erforderlich.

Vereinfachend werden folgende expositionsabhängige Faktoren festgelegt:

a) angenommene Staubkonzentration (mg/m3) entspricht dem Anteil des aufgenommenen Staubes
b) dauernde hohe körperliche Aktivität wird ausgeschlossen
c) Expositionshäufigkeit (h, d)
d) Anreicherungsfaktor (Anteil feinkörnige Staubpartikel / Schadstoffkonzentration Boden)
e) Deposition 100 %.

In Abgrenzung zu den Regelungen des Arbeitsschutzes wird auf folgendes hingewiesen:

Eine maximale Arbeitsplatzkonzentration (MAK) nach Gefahrstoffverordnung (GefStoffV) ist die Konzentration eines Arbeitsstoffes in der Luft, bei der im allgemeinen die Gesundheit des Arbeitnehmers nicht beeinträchtigt wird. MAK-Werte werden auf Vorschlag der Senatskommission zur Prüfung gesundheitsschädlicher Arbeitsstoffe der Deutschen Forschungsgemeinschaft vom Ausschuß für Gefahrstoffe (AGS) aufgestellt als höchstzulässige Konzentration von Arbeitsstoffen als Gas, Dampf oder Schwebstoff in der Luft am Arbeitsplatz, die nach dem gegenwärtigen Stand der Kenntnis auch bei wiederholter und langfristiger, in der Regel achtstündiger Exposition, jedoch bei Einhaltung einer durchschnittlichen Wochenarbeitszeit von 40 h im allgemeinen die Gesundheit der Beschäftigten nicht beeinträchtigen und diese nicht unangemessen belästigt (entsprechend § 3 Abs. 5 GefStoffV).

Eine Technische Richtkonzentration (TRK) nach Gefahrstoffverordnung ist die Konzentration eines Stoffes in der Luft am Arbeitsplatz, die nach dem Stand der Technik erreicht werden kann (§ 3 Abs. 7 GefStoffV). TRK-Werte werden vom AGS aufgestellt.

Die Grenzwerte in der Luft am Arbeitsplatz werden in den Technischen Regeln für Gefahrstoffe, TRGS, festgelegt (TRGS 900, Grenzwerte in der Luft am Arbeitsplatz – „Luftgrenzwerte", Bundesarbeitsblatt 5/1998, S. 63). Die TRGS geben allein Werte für Arbeitsstoffe in ml/m^3 für die Luft am Arbeitsplatz an, nicht für andere Medien und andere Schadstoffe. Sie enthalten insbesondere keine auf Feststoffe und Böden bezogenen Angaben. Für die Festlegung der Höhe der Werte sind maßgeblich (nach: HVBG, 1994):

- die Möglichkeit, die Stoffkonzentrationen im Bereich des TRK-Wertes analytisch zu bestimmen,
- der derzeitige Stand der verfahrens- und lüftungstechnischen Maßnahmen unter Berücksichtigung des in naher Zukunft technisch Erreichbaren,
- die Berücksichtigung vorliegender arbeitsmedizinischer Erfahrungen oder toxikologischer Erkenntnisse.

Die genannten Kriterien machen deutlich, daß zum Zweck der toxikologisch begründeten Ableitung von Bodenwerten nicht auf die auch durch technische Gesichtspunkte mitbestimmten TRK-Werte abgestellt werden kann. Der unterschiedliche Schutzzweck (Luft am Arbeitsplatz, Boden in der Umgebung der Anlage und an unversiegelten Stellen eines Betriebsgeländes) macht darüber hinaus deutlich, daß eine Überschneidung der Regelungsbereiche (Arbeitsschutz - umweltbezogene Gefahrenbeurteilung schädlicher Bodenveränderungen) nicht gegeben ist. Dessen ungeachtet gelten die Maßstäbe des Arbeitsschutzes beim Arbeiten an und mit kontaminierten Böden.

Da sich die toxikologischen Basisdaten auf eine dauerhafte Exposition (24 h/d, 365 d/a) beziehen, aber im Bereich von Industrie- und Gewerbegrundstücken die Exposition nur während der Arbeitszeit gegeben ist, wird ein Gewichtungsfaktor eingeführt. Dieser Faktor gibt die Relation Stunden pro Jahr zu Stunden Aufenthaltsdauer im Bereich von belasteten Industrie- und Gewerbegrundstücken pro Jahr an.

Dabei wurde von folgenden Annahmen ausgegangen:

- Arbeitszeit: 8 h/d an 5 d/w und 45 w/a.
- Reduzierung der Exposition gegenüber Staub durch Bodenfeuchte und andere Faktoren auf 1/3 des Jahres.

Die Expositionsdauer (D) berechnet sich demnach wie folgt:

$$D = 45\ w/a \times 5\ d/w \times 8\ h/d : 3 = 600\ h/a.$$

Als Gewichtungsfaktor Z ergibt sich somit:

$$Z = 365\ d/a \times 24\ h/d : 600\ h/a = 14{,}6.$$

Die Anzahl der Tage mit für den Wirkungspfad relevanter Verwehung von Bodenmaterial ist nur mit vereinfachten Annahmen abzuschätzen. Zu berücksichtigen sind im wesentlichen zwei Einflußfaktoren:

a) Windgeschwindigkeit
b) Niederschlag (als Einflußfaktor auf die Bodenfeuchte, die die Abwehung verhindert).

Wiesert et al. (1996) geben an, daß Winderosion im wesentlichen bei Windgeschwindigkeiten von mehr als 7 m/s (gemessen in 10 m Höhe) eine Rolle spielt (diese Zahl ist wenig belegt, Verwirbelungen am Boden werden nicht berücksichtigt). Angaben einer Wetterstation (Bocholt) besagen, daß an 92 - 100 Tagen des Jahres Windgeschwindigkeiten von mehr als 6 m/s (in 10 m Höhe) auftreten. Für die Belastung von angrenzenden Flächen ist zu berücksichtigen, daß die Windrichtung wechselt. An etwa einem Drittel aller Tage im Jahr fällt an der genannten Wetterstation mindestens 1 mm Niederschlag. Diese Angaben sind naturgemäß regional sehr unterschiedlich.

In Anlehnung an die Konventionen der US-EPA (EPA 1997) mit 0,1 mg/m³ als niedrige bzw. 2 mg/m³ als hohe Staubkonzentration sowie des RIVM mit 0,165 mg/m³ als mittlere bzw. 0,382 mg/m³ als höchste ermittelte Staubkonzentration in niederländischen Industriegebieten wird der Ableitung eine Staubexposition (E) von 1mg/m³ für 2 h/d und 0,1 mg/m³ für 6 h/d zugrunde gelegt. Daraus ermittelt sich eine durchschnittliche Staubkonzentration von 0,325 mg/m³ für 8 h/d (Arbeitszeit als Expositionszeit).

Als Anreicherungsfaktor (A) für Schadstoffe in der Feinkornfraktion des Bodens wird 5 für anorganische Stoffe bzw. 10 für organische Stoffe festgelegt. Die Begründung für diese Faktoren wurde bereits in Nummer 2.3.4.3.1 dargelegt.

2.4.1.3.2 Berechnungsformeln

Bewertungsgrundlage für die Betrachtung nichtkanzerogener Wirkungen ist die dem TRD-Wert für langfristige inhalative Exposition entsprechende Luftkonzentration bzw. im Falle von Stoffen mit lokaler Wirkung auf den Atemtrakt die Referenz-Konzentration RK.

Die anteilige Aufenthaltszeit unter arbeitsplatztypischen Bedingungen wird mit dem oben beschriebenen Gewichtungsfaktor Z berücksichtigt.

Formel 7:

$$\text{Prüfwert } [mg/kg] = \frac{\text{TRD - analoge Konz.} \bullet (F_{(Gef)} - \text{Hintergrund}) \bullet \text{Gewichtungsf. } Z}{\text{Staubkonzentration} \bullet \text{Anreicherungsfaktor } A}$$

$$= \frac{\text{TRD - analoge Konz.} [\frac{ng}{m^3}] \bullet (F_{(Gef)} - 0{,}8) \bullet 14{,}6}{0{,}325 \frac{mg}{m^3} \bullet A}$$

Im Falle von Stoffen mit lokaler Wirkung auf den Atemtrakt resultiert mit der Referenz- Konzentration RK eine analoge Formel. Allerdings findet in diesen Fällen die allgemeine Hintergrundbelastung keine Berücksichtigung.

Formel 8:

$$\text{Prüfwert } [mg/kg] = \frac{\text{Referenzkonzentration RK} \bullet F_{(Gef)} \bullet \text{Gewichtungsfaktor } Z}{\text{Staubkonzentration} \bullet \text{Anreicherungsfaktor } A}$$

$$= \frac{RK [\frac{ng}{m^3}] \bullet F_{(Gef)} \bullet 14{,}6}{0{,}325 \frac{mg}{m^3} \bullet A}$$

Kanzerogene Stoffe

Die Ableitung von Prüfwerten für kanzerogene Stoffe erfolgt weitgehend analog zu der für nichtkanzerogene. Bewertungsgrundlage ist die Schadstoffkonzentration in der Luft, die einem zusätzlichen Risiko von 1 : 100.000 entspricht. Der Gefahrenfaktor im Falle kanzerogener Wirkungen ist wiederum 5.

Da bei kanzerogenen Stoffen die kumulative Exposition über die gesamte Lebenszeit zu berücksichtigen ist und die Krebsrisikoberechnungen sich auf eine kontinuierliche Exposition über die gesamte Lebenszeit (70 Jahre) beziehen, wird die Relation Lebenszeit zu Expositionszeit wie folgt berechnet:

Die Lebenszeit, ausgedrückt in Stunden, beträgt bei einer angenommenen mittleren Lebenserwartung von 70 Jahren 70 a x 365 d/a x 24 h/d = 613.200 h.

Die Expositionszeit im Bereich eines unbefestigten Industrie-/Gewerbefläche beträgt nach den in Nummer 2.3.4.4.1 genannten Prämissen bei einer Arbeitszeit von 20 Jahren 12.000 h, bei einer Arbeitszeit von 40 Jahren 24.000 h. Der Gewichtungsfaktor (Z) beträgt somit 51,6 bei einer Arbeitszeit von 20 Jahren und 25,8 bei einer Arbeitszeit von 40 Jahren.

Formel 9:

$$Prüfwert\ [mg/kg] = \frac{Konz.\ bei\ Risiko\ 10^{-5} \bullet F_{(Gef)} \bullet Gewichtungsfaktor\ Z}{Staubkonzentration \bullet Anreicherungsfaktor\ A}$$

$$= \frac{Konz.\ bei\ Risiko^{-5}\ [\frac{ng}{m^3}] \bullet 5 \bullet 51{,}6\ (bzw.\ 25{,}8)}{0{,}325\ \frac{mg}{m^3} \bullet A}$$

2.4.1.4 Dermaler Bodenkontakt und perkutane Aufnahme

2.4.1.4.1 Datengrundlage und Methode

Experimentelle Untersuchungen zur perkutanen Bioverfügbarkeit von bodenassoziierten Schadstoffen am Tier liegen nur für wenige Stoffe vor (siehe Tabelle 8 sowie EPA, 1992). Eine relevante Resorption durch die Haut wird vor allem bei organischen Stoffen mit amphiphilem Verhalten (das heißt mit lipophilem Charakter bei gleichzeitig nicht zu geringer Wasserlöslichkeit) vermutet. Die Situation bei anorganischen Stoffen ist noch schwieriger zu beurteilen. Generell wird bei Metallverbindungen die perkutane Resorption aus dem Boden für vernachlässigbar gehalten. Aufgrund der komplexen Bindungssituation im Boden und den im Vergleich zu organischen Stoffen fehlenden Anhaltspunkten wird im Falle der anorganischen Stoffe davon ausgegangen, daß die dermale Exposition nicht von Bedeutung ist.

Von den hier zur Diskussion stehenden organischen Substanzen wurde Pentachlorphenol von der Arbeitsgruppe um Wester und Maibach (Wester et al., 1993a) in vitro und in vivo am Rhesusaffen untersucht (siehe unten). Dieselbe Arbeitsgruppe unternahm auch analoge Untersuchungen an Rhesusaffen mit DDT und Benzo(a)pyren (Wester et al., 1990) sowie mit polychlorierten Biphenylen (Wester et al., 1993b).

Weiter liegen Arbeiten einer Gruppe aus New Jersey, USA, zu Benzol, Xylol, Toluol und Phenol vor (Skowronski et al., 1990; Abdel-Rahman et al., 1992; Abdel-Rahman et al., 1993; Skowronski et al., 1994). Für alle Stoffe wurde eine praktisch vollständige Resorption der auf die Haut aufgebrachten Menge beobachtet. Diese In vitro- und In vivo-Untersuchungen (Rattenmodell) wurden jedoch mit einer Suspension des Bodens in den Substanzen (Konzentration der Stoffe im Boden > 20 %) durchgeführt. Sie repräsentieren deshalb eher das Verhalten von reinen Stoffen und sind nicht aussagekräftig für die Situation in Böden. Außerdem wurden die Untersuchungen in einer Anordnung durchgeführt, die das Verdampfen der flüchtigen Stoffe verhindert. Dies führt zu höheren Resorptionsquoten als unter realen Bedingungen. Dabei wurde erst der Boden auf die Haut der Tiere aufgebracht und die Substanzen anschließend in reiner Form zugegeben, so daß eine Durchmischung mit und Bindung an den Boden nicht gewährleistet war (siehe auch Diskussion hierzu in EPA, 1992). Aus diesen Gründen werden die Ergebnisse dieser Untersuchungen nicht zur Beurteilung der perkutanen Resorption von bodenassoziierten Schadstoffen herangezogen.

Bei fehlenden experimentellen Daten besteht die Möglichkeit, durch Modellierung eine Abschätzung der realen Verhältnisse vorzunehmen. Folgende Modellansätze sind vorhanden (eine Übersicht hierzu siehe in EPA, 1992):

Abschätzung der perkutanen Resorption von Stoffen nach dermalem Bodenkontakt

- ausgehend von den Haut-Permeabilitätskoeffizienten für Schadstoffe in wässriger Umgebung (Haut-Wasser-Permeabilitätskoeffizient, K_p) (Reifenrath, 1994)
- ausgehend vom Oktanol-Wasser-Verteilungskoeffizienten und von der Henry-Konstanten (McKone, 1990).

Beide Ansätze sind eingeschränkt durch den Mangel an Daten zur Validierung. In Tabelle 6 sind die wesentlichen experimentellen In vivo-Befunde zur perkutanen Resorption von Schadstoffen aus Boden dargestellt. Die Mehrzahl der Arbeiten stammt aus der Arbeitsgruppe um Wester und Maibach. Die Ergebnisse können mit den Modellaussagen verglichen werden.

McKone (McKone, 1990, sowie Weiterentwicklung in McKone und Howd, 1992) schlug ein Modell für nichtionische organische Substanzen vor, das den Diffussionsprozeß aus dem Boden durch die Haut beschreibt und damit eine Abschätzung des perkutan resorbierten Anteils ermöglicht. Wesentliche Einflußgrößen sind dabei der Oktanol-Wasser-Verteilungskoeffizient $P_{O/W}$ und die Henry-Konstante K_h. Auf die mathematischen Details des Modells wird an dieser Stelle nicht eingegangen. Im Ergebnis lassen sich nach McKone (1990) die Substanzen nach ihren physiko-chemischen Eigenschaften einteilen: Für Stoffe mit einer Lipophilie im Bereich von Werten für $P_{O/W}$ von 10 bis 10^6 wird die Resorption in Abhängigkeit von der Henry-Konstante[11)] wie folgt vorhergesagt:

Klasse 1:	$K_h < 0{,}001$	100 %	in 12 h
Klasse 2:	$0{,}001 < K_h < 0{,}01$:	40 % - 100 %	in 12 h
Klasse 3:	$0{,}01 < K_h > 0{,}1$:	< 40 %	in 12 h
Klasse 4:	$K_h > 0{,}1$:	< 3 %	in 12 h

In Tabelle 7 ist eine qualitative Einordnung der Stoffe nach diesen Kriterien gegeben. Einige der sehr lipophilen Stoffe (DDT, Benzo(a)pyren, PCB) überschreiten danach knapp die Grenze für den Oktanol-Wasser-Verteilungskoeffizienten von 10^6. Näherungsweise können aber auch diese Stoffe aufgrund ihrer physiko-chemischen Eigenschaften der Klasse 1 zugeordnet werden.

Der Versuch einer Validierung anhand der experimentellen Ergebnisse aus 7 zeigt, daß das Modell von McKone (1990) für diese Stoffe zu hohe resorbierte Anteile vorhersagt. Vom Modell werden Resorptionsquoten abgeschätzt, die weit über den experimentell gefundenen Werten liegen. Die höchste Resorption im In vivo-Versuch wies Pentachlorphenol mit 24,4 % auf. Dabei ist zu beachten, daß die experimentellen Ergebnisse bei längerer Expositionszeit (24 h) gewonnnen wurden, während die Modellaussagen für den Zeitraum von 12 Stunden gelten. Eine Korrektur auf gleiche Zeiträume würde die Diskrepanz noch verschärfen.

---

11) Die Henry-Konstante kann dimensionslos (K_h) oder mit der Einheit Pa m^3/mol, dann als H benannt, angegeben werden: $H = 101080 \times R \times T \times K_h = 2430$ Pa × m^3/mol × K_h mit R = ideale Gaskonstante ($8{,}206 \times 10^{-5}$ Pa × m^3 K/mol) und T = Temperatur (293 K)

Tabelle 6: Ergebnisse von In vivo-Untersuchungen am Tier zur perkutanen Resorption von bodengebundenen Schadstoffen (für die Stoffe wird zusätzlich der Haut-Wasser-Permeabilitätskoeffizient angegeben)

Substanz	in vivo-Modell	Resorption	Applikationszeit	Hautbedeckung mg/cm²	Quelle	Einordnung nach McKone[1]	Kp[2] cm/h
Pentachlorphenol	Rhesusaffe	24,4 %	24 h	40	Wester et al., 1993a	1	0,65 (s)
DDT	Rhesusaffe	3,3 %	24 h	40	Wester et al., 1990	$P_{O/W} > 10^6$	0,43 (s)
Benzo(a)pyren	Rhesusaffe	13,2 %	24 h	40	Wester et al., 1990	$P_{O/W} > 10^6$	1,2 (s)
Chlordan	Rhesusaffe	4,2 %	24 h	40	Wester et al., 1992	1	0,052 (s)
2,4-Dichlorphenoxyessigsäure	Rhesusaffe	10 - 16 % 2,2 % 0,05 %	24 h 16 h 8 h	1 oder 40	Wester et al., 1996		
PCB	Rhesusaffe	14 %	24 h	?	Wester et al., 1993b	$P_{O/W} > 10^6$	0,71 (s) (HCBP)
2,4,6-Trinitrotoluol	Schwein	3,3 %	96 h	1	Reifenrath, 1994	1	0,011[3] (exp.)
Benzo(a)pyren (aus Erdöl)	Ratte	1,1 % 3,7 % 9,2 %	24 h 48 h 96 h	999	Yang et al., 1989	$P_{O/W} > 10^6$	1,2 (s)

[1] Einordnung der Substanzen nach den Kriterien von McKone (1990), siehe unten.

[2] wenn nicht anders angegeben: aus EPA (1992) entnommen

[3] aus Reifenrath (1994) entnommen

Die relativen Aussagen des Modells, nach denen bei flüchtigen Stoffen mit Henry-Konstanten > 0,01 (Klassen 3 und 4) eine starke Abnahme der Resorption stattfinden sollte, erscheint aber plausibel. Bei flüchtigen Stoffen besteht eine Konkurrenz zwischen dem Durchtritt durch die Haut und der Verflüchtigung aus dem Boden, der sich auf der Haut befindet, in die Luft. McKone gibt für Benzol (Klasse 4) eine um 2 Größenordnungen geringere Hautresorption an als für 2,4,6-Trinitrotoluol (Klasse 1).

Tabelle 7: Einordnung von Stoffen nach den Kriterien von McKone anhand der physikochemischen Eigenschaften

Klasse 1	Klasse 2	Klasse 3	Klasse 4
Aldrin Benzo(a)pyren DDT Hexachlorbenzol Hexachlorcyclo-hex. Pentachlorphenol Phenol Polychlor. Biphenyle		o-Dichlorbenzol 1,2-Dichlorpropan 1,1,2,2-Tetrachlorethan 1,2,4-Trichlorbenzol	Chlorbenzol Chloroform m-, p-Dichlorbenzol Dichlormethan Tetrachlorethen Toluol 1,1,1-Trichlorethan Trichlorethen 1,3,5-Trimethylbenzol o-, m-, p-Xylol

Stoffe der Gruppen 3 und 4 sind Stoffe mit einer hohen Henry-Konstante (K_h = 0,01). Pentachlorphenol und Phenol besitzen wegen ihres polaren Charakters und einer geringeren Flüchtigkeit eine deutlich kleinere Henry-Konstante. Dies gilt auch für die lipophilen chlororganischen Verbindungen mit geringer Flüchtigkeit und Benzo(a)pyren.

Die Modellbetrachtungen von McKone (1990) lassen für Stoffe mit hoher Henry-Konstante (K_h > 0,01) eine geringe bis mäßige perkutane Resorption aus dem Boden von wenigen Prozent erwarten. Burmaster und Maxwell (1991) errechneten mit dem McKone-Modell für Benzol, das ähnliche physiko-chemische Eigenschaften aufweist wie einige hier zu behandelnde Stoffen (z.B. Toluol, Ethylbenzol), für übliche Bodenschichtdicken auf der Haut eine Resorption von 1 bis

2%. Die Verflüchtigung von der Haut konkurriert demnach mit der perkutanen Resorption und führt zu einer geringeren Resorption. Für keinen Stoff der Gruppe liegen allerdings valide experimentelle Untersuchungen vor, mit denen eine Überprüfung des Modells möglich wäre.

Reifenrath (1994) untersuchte experimentell die perkutane Resorption von 2,4,6-Trinitrotoluol in vitro und in vivo und verglich die Ergebnisse mit Modellaussagen auf Basis des Haut-Wasser-Permeabilitätskoeffizienten K_p. Während das Modell eine praktisch vollständige Resorption vorhersagte, lag die In vivo-Resorption bei nur ca. 3 %.

Die Haut-Wasser-Permeabilitätskoeffizienten der untersuchten Stoffe lassen keine Korrelation zum Resorptionsverhalten aus dem Boden erkennen. Folglich sind auch theoretische Abschätzungen anhand des Haut-Wasser-Permeabilitätskoeffizienten - zumindest in dieser Form - mit hohen Unsicherheiten behaftet.

2.4.1.4.2 Weitere Einflußfaktoren auf die perkutane Resorption

2.4.1.4.2.1 Einfluß der Dicke der Bodenschicht auf der Haut

Die theoretischen Betrachtungen anhand des McKone-Modells (McKone, 1990; Burmaster und Maxwell, 1991) zeigen bei einigen Substanzen einen starken Einfluß der Bodenschichtdicke auf der Haut. Dies gilt insbesondere für sehr lipophile Stoffe mit $P_{O/W} > 10^5$. Yang et al. (1989) konnten das für Benzo(a)pyren bei In vitro-Untersuchungen bestätigen. Bei einer Bedeckung mit 56 mg/cm^2 war die relative Resorption geringer als bei 9 mg/cm^2. Hierzu im Widerspruch steht allerdings die Untersuchung von Wester et al. (1996) mit 2,4-Dichlorphenoxyessigsäure, die weder in vitro noch in vivo eine Abhängigkeit von der Bodenschichtdicke fanden. Die verwendeten Bedeckungen der Haut mit Boden waren 1 bzw. 40 mg/cm^2.

Bei der Abschätzung der Exposition gegenüber altlastenbürtigen Stoffen wird generell von Bodenbedeckungen der Haut von max. 1,7 mg/cm^2 (95. Perzentil) ausgegangen (BAGS, 1995, siehe unten). Diese Empfehlung beruht im wesentlichen auf den Arbeiten von Finley et al. (1994). Bei diesen Werten kann näherungsweise angenommen werden, daß der größte Teil des Schadstoffs mit Haut in Berührung kommt. Damit hat die Bodenschichtdicke auf der Haut einen vernachlässigbaren Einfluß auf den resorbierten Anteil an der gesamten auf der Haut liegenden Schadstoffmenge (in % der Schadstoffmenge im Boden auf der Haut). Die Annahmen zur Hautbedeckung werden auch durch neuere Datenerhebungen bestätigt (Kissel et al., 1996).

2.4.1.4.2.2 Einfluß der Expositionszeit

Üblicherweise wird von einer linearen Abhängigkeit der resorbierten Schadstoffmenge von der Expositionszeit bzw. von einer geringen Retardationszeit im Bereich von Minuten und anschließend linearem Verlauf ausgegangen (EPA, 1992). Wester et al. (1996) fanden im Falle von 2,4-Dichlorphenoxyessigsäure, daß bei Applikation der reinen Substanz zwar ein linearer Verlauf mit der Zeit beobachtbar war, bei Applikation in Boden jedoch eine Retardationszeit von mehreren Stunden auftrat.

In anderen Untersuchungen (siehe z.B. zu Benzo(a)pyren von Yang et al., 1989) wurde hingegen diese Beobachtung nicht bestätigt, so daß evtl. ein stoffspezifisches Phänomen vorliegt. Im folgenden wird von einer linearen Abhängigkeit und einer vernachlässigbaren Retardation ausgegangen.

2.4.1.4.2.3 Bodeneigenschaften

Die Adsorption von Schadstoffen an Bodenpartikeln wird außer durch die Schadstoffeigenschaften auch stark durch die Bodeneigenschaften wie Gehalt an organischer Substanz und an Tonmineralien, sowie Ionenaustauschkapazität bestimmt. Die Übertragung der experimentellen Ergebnisse, die mit einem speziellen Boden gewonnen wurden, auf andere ist entsprechend mit Unsicherheiten behaftet, stellt aber für den Zweck der Prüfwertableitung eine Näherung bezüglich der realen Standortsituation dar.

2.4.1.4.2.4 Tiermodell

Die Resorption, die im In vivo-Modell mit Nagerspezies ermittelt wird, liegt meist über der aus in vitro-Daten geschätzten oder in vivo beobachteten Resorption beim Menschen (Watkin und Hull, 1991). Gründe hierfür sind in der anatomischen Struktur der Haut und der dichteren Behaarung der Fellträger zu sehen. Affen zeigen im Vergleich zu Ratten eine geringere perkutane Schadstoffresorption und ähneln diesbezüglich mehr dem Menschen als Nager (Franklin et al., 1989). Die in den Untersuchungen der Arbeitsgruppe um Wester und Maibach (Wester et al., 1990; 1992; 1993a u. b; 1996) verwendeten Rhesusaffen sind danach ein geeignetes Modell, um die Verhältnisse beim Menschen abzuschätzen.

2.4.1.4.3 Konsequenzen für die Berücksichtigung der perkutanen Resorption bei der Ableitung von Prüfwerten

Generell wird für organische Stoffe die perkutane Resorption bei direktem Bodenkontakt als relevant angesehen. Für die hier behandelten Stoffe liegen - mit den Ausnahmen Pentachlorphenol, DDT, PCB und Benzo(a)pyren - jedoch keine experimentellen Untersuchungen vor, die eine valide Abschätzung möglich machen würden. Die höchste Aufnahmerate wurde für PCP festgestellt (24 % in 24 h). Für PCB (14 % in 24 h), Benzo(a)pyren (13 % in 24 h) und DDT (3 % in 24 h) war die perkutane Aufnahme deutlich geringer.

Abschätzungen aus dem theoretischen Modell von McKone (1990) lassen Tendenzaussagen zu. Jedoch fehlen Validierungsmöglichkeiten speziell für die Gruppe der leichtflüchtigen Stoffe. Für Pentachlorphenol liegen hinreichende experimentelle Daten vor. PCP kann aber wegen der starken Unterschiede in der Henry-Konstante nicht als Leitsubstanz für andere hier behandelte flüchtige Stoffe herangezogen werden. Lediglich für Phenol kann ein zu PCP vergleichbares Verhalten angenommen werden.

2.4.1.4.4 Vorgehensweise zur Berücksichtigung der perkutanen Resorption von Pentachlorphenol

Es erfolgt eine Abschätzung der perkutanen Resorption für Pentachlorphenol anhand der Daten von Wester et al. (1993a).

Die Autoren applizierten ^{14}C-markiertes Pentachlorphenol auf die Haut von Rhesusaffen

- entweder als acetonische Lösung
- oder als PCP-kontaminierter Boden.

Die Konzentration des PCP im Boden betrug 17 mg/kg, die Bedeckung der Haut mit Boden war 40 mg/cm². Der Boden wurde wie folgt charakterisiert: 26 % Sand, 26 % Ton, 48 % Schluff, 0,9 % organische Substanz.

Die Resorption aus Boden erwies sich hierbei als ähnlich hoch wie aus Aceton: Während nach Applikation von Boden eine Resorption von 24,4 % festgestellt wurde, waren es bei Auftragung der acetonischen Lösung 29,2 %. Wegen des geringen Einflusses der Bodensorption auf die Bioverfügbarkeit ist es wahrscheinlich, daß die Schichtdicke des Bodens auf der Haut in diesem Fall eine geringe Rolle spielte.

Für Pentachlorphenol kann ausgehend von der experimentell beobachteten Resorption von ca. 24 % über 24 Stunden für die geschätzte Expositionszeit von 5 Stunden unter Annahme eines linearen Zusammenhangs zwischen Expositionszeit und resorbierter Menge eine Resorptionsquote von 5 % verwendet werden.

Grundlagen für die Berechnung der Exposition bei perkutaner Resorption im Szenario „Kinderspielflächen"

Für die Berechnung der perkutanen Resorption für das Szenario Kinderspielflächen müssen verschiedene expositionsbeschreibende Parameter festgelegt werden. Dabei wird im wesentlichen den Vorschlägen des Ausschusses für Umwelthygiene der Arbeitsgemeinschaft der leitenden Medizinalbeamtinnnen und -beamten der Länder (AGLMB) (BAGS, 1995) gefolgt:

exponierte Personengruppe:	Kinder (2 - 3 Jahre) mit Körpergewicht 10 kg
Expositionsszeit:	5 h. Es wird von einer Aufenthaltszeit von 2 Stunden pro Tag ausgegangen. Es ist jedoch anzunehmen, daß die Entfernung des Bodens von der Haut durch Abwaschen nicht in jedem Fall direkt nach dem Spielen erfolgt. Deshalb wird eine Expositionszeit von 5 h angesetzt.
Bedeckte Körperoberfläche:	2100 cm^2 (nach BAGS, 1995, 95. Perzentil, siehe unten)
Bedeckung der Haut mit Boden:	1,7 mg/cm^2 (nach BAGS, 1995, 95. Perzentil, gestützt durch neuere Daten: Kissel et al., 1996a und b)
Resorption von PCP:	nach Wester et al. (1993a): 24 % in 24 h. Annahme eines linearen Zusammenhangs: für die 5-stündige Expositionszeit wird eine Resorption von 5 % angenommen.

Formel 10:

$$Bodenaufnahmerate = \frac{Körperoberfläche \bullet Bodenschichtdicke \bullet Resorption}{Körpergewicht}$$

$$= \frac{2100\,cm^2 \bullet 1{,}7\,\frac{mg}{cm^2} \bullet 0{,}05\,\frac{1}{d}}{10\,kg}$$

$$= 17{,}85\,\frac{mg}{kg \bullet d}$$

Die Rechnung ergibt die aufnahmerelevante Bodenkontaktmenge und gibt die Intensität des Schadstoffkontaktes an. Zur Beibehaltung einheitlicher Begriffe wird er analog zur oralen Exposition als Bodenaufnahmerate bezeichnet.

Im Falle von PCP kann dieser Wert für die Bodenaufnahmerate bei dermalem Kontakt direkt mit der Bodenaufnahmerate für oralen Bodenkontakt verglichen werden, da bei oraler Exposition eine Resorption von 100 % angenommen wird. Diese ist mit 33 mg/kg · d etwa doppelt so hoch wie die für PCP errechnete dermale Bodenaufnahmerate.

Die Summation der Bodenaufnahmeraten ermöglicht die Ermittlung eines Prüfwertes bei gleichzeitigem Vorliegen beider Expositionspfade. Diese Berechnung wird in der Prüfwertableitung zu Pentachlorphenol durchgeführt (Umweltbundesamt, 1999).

Vorgehen bei anderen Stoffen

Leichtflüchtige Stoffe

Die Aussagen des Modells von McKone (1990) lassen erwarten, daß für die Stoffgruppe mit hoher Henry-Konstante die Resorption deutlich unter der von Pentachlorphenol liegt. Eine Ausnahme stellt Phenol dar. Wegen der übereinstimmenden physiko-chemischen Eigenschaften können die Ergebnisse zu PCP näherungsweise auf Phenol übertragen werden.

Für die leichtflüchtigen organischen Schadstoffe unterscheiden sich die physiko-chemischen Daten, die für die Hautresorption wichtig sind (insbesondere die Henry-Konstante), stark von Pentachlorphenol. Aufgrund des geringeren Dampfdrucks des PCP liegt das Gleichgewicht bei dieser Substanz stärker auf Seiten der wäßrigen Phase. Die Verflüchtigung als zur Hautresorption konkurrierender Weg verliert an Bedeutung. Aus diesem Grund ist PCP nicht als Leitsubstanz für die leichtflüchtigen organischen Stoffe anzusehen.

Ein Vergleich der Bedeutung der einzelnen Expositionspfade für Pentachlorphenol zeigt, daß bei dieser Substanz unter den getroffenen Annahmen die orale Exposition bedeutsamer ist als die dermale. Die perkutane Schadstoffaufnahme beträgt ca. 50 % der oralen. Für die organischen Stoffe mit höherer Flüchtigkeit ist dementsprechend anzunehmen, daß die Bedeutung des dermalen Bodenkontaktes deutlich geringer ist (< 50 % der oralen Bodenaufnahme). Zudem zeigt die Prüfwertableitung, daß die Verflüchtigung und der Transport über die Bodenluft in bewohnte Räume für diese Stoffe den potentiell wichtigsten Expositionspfad darstellt und alle anderen Expositionspfade überwiegt. Deshalb wird die dermale Aufnahme bei diesen Stoffen nicht weiter quantitativ berücksichtigt.

DDT, Polychlorierte Biphenyle und Benzo(a)pyren sowie andere lipophile schwerflüchtige Stoffe

Für diese Stoffe bzw. Stoffgruppen liegen Untersuchungsergebnisse aus der Arbeitsgruppe Wester vor. Im Ergebnis waren für alle Stoffe die Resorptionsraten deutlich niedriger als für PCP. Im Falle der PCB resultierte aus der In vivo-Untersuchung an Rhesusaffen eine Resorption von 14 % bei einer Exposition über 24 Stunden. Eine Überprüfung der möglichen Konsequenzen für die Prüfwertableitung analog der oben für PCP beschriebenen Vorgehensweise ergab, daß die Einbeziehung der dermalen Exposition praktisch ohne Konsequenzen auf die Prüfwertermittlung bliebe. Entsprechend ist die dermale Exposition bei DDT noch unbedeutender. Eine analoge Situation ist auch für die lipophilen Stoffe aus Tabelle 7, Klasse 1 (Aldrin, Hexachlorcyclohexan, Hexachlorbenzol) anzunehmen. Es erscheint deshalb gerechtfertigt, beim gegenwärtigen Kenntnisstand zu diesen Stoffen die dermale Exposition wegen geringer quantitativer Relevanz unberücksichtigt zu lassen.

Im Falle des Benzo(a)pyren handelt es sich um einen kanzerogenen Stoff mit lokaler Wirkungsweise. Das heißt er wird in die Haut aufgenommen, dort metabolisiert und führt zu Hauttumoren. Unter diesen Gesichtspunkten erscheint für diesen Stoff die Überprüfung der Bedeutung dieses Expositionspfades im Rahmen der noch anstehenden Ableitung eines PAK-Prüfwertes angezeigt.

2.4.1.5 Berücksichtigung einmaliger hoher Aufnahmemengen bei Stoffen mit hoher akuter Toxizität

Bei der Ableitung der Prüfwerte wird eine langfristige Aufnahme niedriger Dosen zugrunde gelegt, um chronische und subchronische toxische Wirkungen durch die Aufnahme von Boden-Kontaminanten zu vermeiden. Akute toxische Wirkungen können u.U. jedoch nach der einmaligen Aufnahme hoher Dosen eines Schadstoffes verursacht werden. Solche Expositionen sind nur unter extremen Bedingungen denkbar, die bei Zusammentreffen ungünstiger Einflußfaktoren wie z.B. massiver Bodenverunreinigungen, hoher Resorptionsverfügbarkeit von Schadstoffen, pica-Verhalten u.a. erfüllt sein können. Als pica-Verhalten bezeichnet man die absichtliche Aufnahme größerer Mengen (im Grammbereich) von Boden. Pica-Verhalten wird auch bei älteren Kindern beobachtet.
Zur Prüfung der Relevanz akut toxischer Wirkungen bei einmalig hoher Bodenaufnahme wird von folgenden Überlegungen ausgegangen:

- Es wird eine einmalige Bodenaufnahme von 10 g und ein Körpergewicht von 10 kg angenommen.
- Ausgehend von der niedrigsten berichteten akut wirksamen Dosis beim Menschen wird als toxikologischer Bewertungsmaßstab ein Abstand von einem Faktor 10 zu ersten Vergiftungserscheinungen angenommen.

Im Falle von Cyaniden ergeben sich aus den Überlegungen zur akuten Toxizität Konsequenzen für die Höhe der Prüfwerte. Für Cyanide wird in der Literatur eine niedrigste Letaldosis von 0,56 mg/kg genannt. Mit den obigen Vorgaben ergibt sich hieraus ein Bodenwert von 56 mg/kg. Dieser Wert liegt niedriger als die für alle Szenarien für langfristige Exposition berechneten Bodenwerte. Da in den Szenarien Kinderspielflächen, Wohngebiete sowie Park- und Freizeitflächen eine einmalige hohe Bodenaufnahme nicht ausgeschlossen ist, ist für diese Szenarien der Prüfwert auf Basis der Betrachtungen zur akuten Toxizität festzulegen.

Prinzipiell wird auch im Szenario Industrie- und Gewerbeflächen eine einmalige hohe Bodenaufnahme durch Kinder für möglich gehalten. Ein regelmäßiger Aufenthalt von Kindern auf Industriegelände ist zwar unter regulären Bedingungen praktisch ausgeschlossen.

Nicht immer ist jedoch davon auszugehen, daß diese Gebiete so gesichert sind, daß ein einmaliges Eindringen von Kindern auszuschließen ist. Allerdings sind hierbei größere Kinder als gefährdete Gruppe anzusehen. Exposition gegenüber Schadstoffen im Boden ist durch Tätigkeiten wie Erdbewegungen, Bewerfen mit Erde und Wälzen auf dem Boden möglich. Eine Abschätzung der Exposition unter solchen Bedingungen ist schwierig. Es ist wahrscheinlich, daß gegenüber dem pica-Verhalten von Kleinkindern die Exposition auch unter extremen, nur selten auftretenden Bedingungen geringer ist. Diesem quantitativ nicht näher einzugrenzenden Umstand wird dadurch Rechnung getragen, daß der im Szenario „Kinderspielflächen" für die Betrachtung der akuten Toxizität bei Kleinkindern errechnete Bodenwert für das Szenario „Industrie- und Gewerbeflächen" mit dem Faktor 2 multipliziert wird. Der resultierende Prüfwert sollte bei Überschreitung insbesondere Anlaß geben, die mögliche Exposition von Kindern zu prüfen.

2.5 Kriterien für die Plausibilitätsbetrachtung der rechnerischen Ergebnisse bei der Ableitung von Prüfwerten

Alle Berechnungsergebnisse werden in der Plausibilitätsbetrachtung insbesondere dahingehend geprüft, ob epidemiologische Studien vorliegen, die die Berechnungsergebnisse bestätigen oder ggf. Modifizierungen nahelegen. So können sich aus epidemiologischen Studien Anhaltspunkte dafür ergeben, daß die Resorptionsquote eines bestimmten Schadstoffes bei Aufnahme aus Böden sich von seiner Resorptionsquote bei Aufnahme mit Lebensmitteln unterscheidet und die herangezogenen Körperdosis-Werte dies zuwenig berücksichtigen. Daneben ist das Rechenergebnis auch mit Daten zu Hintergrundgehalten in Böden zu vergleichen. Rechnerische Ergebnisse, die kleiner oder gleich den Hintergrundwerten der Böden sind, können zwar eine toxikologisch unerwünschte Belastung anzeigen, sie spiegeln jedoch keine einer Bodenveränderung zuzuordnende Gefahr wider und erscheinen daher als Prüfwert nicht geeignet. Weitergehend kann postuliert werden, daß in einem solchen Fall die Zufuhr dieses Schadstoffes über die orale Bodenaufnahme erst dann als Gefahr zu interpretieren ist, wenn sie sich von der Zufuhr über Lebensmittel abhebt.

Insoweit fachlich begründete Kriterien zur Plausibilitätsprüfung werden nachstehend zusammengefasst:

- Abgleich des rechnerischen Ergebnisses mit Daten zu Hintergrundgehalten von Böden vor dem Hintergrund, daß ein Prüfwert sinnvollerweise höher als die ubiquitären Gehalte liegt.
- Vergleich des rechnerischen Ergebnisses mit beurteilungsrelevanten humantoxikologischen Belastungsdaten (Humanbiomonitoring), sofern diese Daten Aussagen im Hinblick auf die relevanten Endpunkte zulassen.
  In die im Einzelfall einer schädlichen Bodenveränderung ausgelösten Untersuchungs- und Prüfschritte kann das Humanbiomonitoring einbezogen werden, um eine innere Belastung beim Menschen festzustellen.
- Wahl des Prüfwertes aus dem niedrigsten Ergebnisses der sowohl für inhalativen als auch ingestiven Bodenaufnahme parallelen Berechnung für die inhalative und ingestive Bodenaufnahme sowohl für kanzerogene als auch nichtkanzerogene Wirkung.
  Kommt die Berechnung für beide Pfade zu gleichen Konzentrationen soll dieses Ergebnis durch Wahl eines niedrigeren Prüfwertes berücksichtigt werden.
- Berücksichtigung des perkutanen Aufnahmepfades, ggf. in Summation mit dem ingestiv aufgenommenen Schadstoffmengen.
- Abgleich mit Betrachtung zu akuten Wirkungen bei einmalig hoher Bodenaufnahme, soweit dies mit den vorliegenden Daten möglich ist.
- Abgleich der Berechnungen mit Erkenntnissen zu Geruchsschwellenkonzentrationen zur Prüfung möglicher erheblicher Belästigungen.
- Hinweise auf typischerweise vorkommende gemeinsame Wirkungen mit anderen Stoffen.
- Bei der Plausibilitätsprüfung zur kanzerogenen Potenz sind die Maßstäbe aus den Nummern 2.3.1.5 und 2.3.1.10 zu beachten.
- Prüfung der Abstufung zwischen Prüfwert für Kinderspielflächen und für Industrie- und Gewerbegrundstücke.
  Es wird davon ausgegangen, daß die Abstufung dann sachgerecht ist, wenn sichergestellt ist, daß es bei Einhaltung der Prüfwerte für Industrie- und Gewerbegrundstücke nicht zu sekundären Verunreinigungen auf umgebenden Flächen kommen kann,

wenn Bodenmaterial von Industrie- und Gewerbegrundstücken ungezielt und diffus abgeschwemmt und verweht oder durch Rutschungen verbracht wird.

3 Prüf- und Maßnahmenwerte nach Anhang 2 Nr. 2 BBodSchV für Böden unter Ackerbau, Gartenbau, Nutzgarten sowie Grünland

3.1 Vorbemerkung

Bei der Ableitung von Prüf- und Maßnahmenwerten nach Anhang 2 Nr. 2 BBodSchV steht die Bodenfunktion als Standort für den Anbau von Nutzpflanzen im Vordergrund. Hinsichtlich der Pflanzen sind verschiedene Fallgestaltungen und Schutzgüter zu unterscheiden:

- Ausschluß von humantoxischer Wirkungen beim Verzehr von pflanzlichen Lebensmitteln, insbesondere von Weizen, Kartoffeln und Gemüse,
- Vermarktbarkeit von Nahrungspflanzen aus Acker- und Erwerbsgartenbau als Lebensmittel,
- Verwertbarkeit von Ackerfutter und Grünlandaufwuchs als Futtermittel.

Ergänzend kommt auch der Ausschluß phytotoxischer Wirkungen auf Nahrungs- und Futterpflanzen infolge schädlicher Bodenveränderungen als Schutzgut in Frage. Soweit Stoffe in lebensmittel- oder futtermittelrechtlichen Richtlinien oder Vorschriften (Festlegungen zu Höchstmengen, Richtlinien der Zentralen Erfassungs- und Bewertungsstelle ZEBS für Metalle in Nahrungsmitteln, Grenzwerte für Futtermittel) geregelt sind, werden diese Festlegungen als ein Ableitungsmaßstab für die in der Pflanze nicht zu überschreitenden Schadstoffgehalte herangezogen. Ein zweiter wesentlicher Ableitungsmaßstab ergibt sich aus dem stoffspezifischen Anteil eines Stoffgehaltes im Boden, der von der Nahrungspflanze systemisch aufgenommen werden kann oder dem Anteil eines Stoffes im Bodenmaterial, das der Pflanze anhaftet, zur Belastung des Futtermittels beiträgt.

3.2 Abgrenzung der Nutzungen

Der Nutzungsbezug der Prüf- und Maßnahmenwerte erfordert, daß die in Anhang 2 festgelegten Werte im einzelnen bestimmten Nutzungen zugeordnet werden. Für die Prüfwerte nach Nr. 2 werden Nutzungen des Bodens als Ackerbau, Gartenbau, Nutzgarten sowie Grünland unterschieden. Für die Bodennutzungen Ackerbau, Gartenbau und Nutzgärten sind einheitliche Prüf- und Maßnahmenwerte insbesondere auch aus Gründen der Nachvollziehbarkeit für die Bodennutzer sinnvoll. Dabei wird davon ausgegangen, daß bei Unterschreitung der aus den Lebensmittelrichtwerten abgeleiteten maximal zulässigen Pflanzenkonzentrationen auch unter toxikologischen Gesichtspunkten der Eigenverzehr von in privaten Nutzgärten angebautem Obst und Gemüse unbedenklich ist (s.w.u.). Da für Ackerflächen, die zum Anbau von Futtergräsern genutzt werden, die gleichen Transferbeziehungen Boden/Pflanze anzunehmen sind wie bei Grünlandflächen, werden diese wie Grünland beurteilt. Für Ackerflächen zum Silomaisanbau werden bei Einhaltung der Werte für Grünland i. d. Regel die Vorgaben der Futtermittelverordnung gewährleistet. Daher wird auch für diese Flächen eine Anwendung der Werte für Grünland vorgesehen.

3.3 Schutzgutbezug

Bezüglich einer Gefahrenbeurteilung beim Pfad Boden/Pflanze sind in Abhängigkeit der Bodennutzung folgende Fallgestaltungen zu unterscheiden:

a) Vermarktung von Nahrungspflanzen aus Ackerbau und Erwerbsgemüsebau,
b) Vermarktung/Verwertung von Futterpflanzen aus Acker-Futterbau und Grünlandnutzung,
c) Verzehr von Obst und Gemüse aus Eigenanbau in Privatgärten (Haus-/Kleingärten).

Als Schutzgüter ergeben sich damit

- die Vermarktungsfähigkeit/Verwertbarkeit von Lebens- bzw. Futtermitteln (Fallgestaltung a und b),
- die menschliche Gesundheit (c; a und b mittelbar).

Die Pflanzengesundheit (phytotoxische Wirkungen von Bodenkontaminationen auf Pflanzen) kann daneben von Bedeutung sein.

Hinsichtlich einer Schwermetallbelastung von Pflanzen auf kon-

taminierten Böden sind vorrangig zwei verschiedene Einwirkungspfade von Bedeutung. Zum einen werden in der Bodenlösung enthaltene Schwermetalle von den Pflanzenwurzeln aufgenommen und anschließend innerhalb der Pflanze transportiert (systemischer Aufnahmepfad). Zum anderen wird durch äußerliche Verschmutzung mit kontaminiertem Bodenmaterial eine Schwermetallbelastung von Pflanzen hervorgerufen, die im Falle von Nahrungspflanzen auch durch Waschen und küchentechnische Aufbereitung nicht vollständig entfernt werden kann (Verschmutzungspfad).
Zur Prognose des Schwermetalltransfers Boden/Pflanze über den systemischen Aufnahmepfad ist aus agrikulturchemischer/bodenkundlicher Sicht eine Bodenuntersuchungsmethode anzuwenden, die eine geeignete Schätzgröße für die für eine Wurzelaufnahme bedeutsame Schwermetallfraktion im Boden liefert. Nach allen bisherigen Erfahrungen kommt dafür am ehesten eine Bodenextraktion mit verdünnten Salzlösungen (z. B. Ammoniumnitrat-Extraktion nach DIN 19730) in Frage. Allerdings kann diese für die systemische Aufnahme relevante Schwermetallfraktion im Boden auch indirekt auf Basis einer den annähernden Schwermetallgesamtgehalt charakterisierenden Bodenuntersuchungsmethode (z. B. Königswasser-Extraktion nach DIN 38414, Teil 7) unter zusätzlicher Berücksichtigung verfügbarkeitsbestimmender Bodenparameter (wie z. B. pH, Corg-, Tongehalt) geschätzt werden. Für den Schwermetalltransfer Boden/Pflanze über den Verschmutzungspfad kommt der pflanzenverfügbaren Schwermetallfraktion weniger Bedeutung zu als dem Schwermetallgesamtgehalt.

Wenn auch grundsätzlich stets beide Aufnahmepfade wirksam sind, so bestehen hinsichtlich der relativen Bedeutung für den Schwermetallgehalt von Pflanzen jedoch deutliche element- und pflanzenart- bzw. pflanzenorganspezifische Unterschiede. Im Extrem kann dabei einerseits die systemische Aufnahme allein bestimmend (z. B. Cd-Gehalt in Weizenkörnern), und in anderen Fällen (z. B. Pb-Gehalt von Grünlandaufwuchs) gegenüber dem Verschmutzungspfad nur unbedeutend sein.

Für den Bereich der **Grünlandnutzung** ist die Königswasser-Extraktion im Rahmen der Auswertungen der Datenbank TRANSFER gegenüber der Ammoniumnitrat-Bodenextraktion aussagekräftiger. Da bei einer Grünlandnutzung zudem generell von einer unvermeidbaren Futterverschmutzung (bei Beweidung auch durch Bodenaufnahme der Tiere) auszugehen ist und diese schon bei vergleichsweise niedrigen Bodenkonzentrationen bestimmend für die Schwermetallaufnahme der Tiere ist, erscheint eine Gefahrenbeurteilung auf Basis der königswasserlöslichen Bodengehalte als besser geeignet.

3.4 Vorgehensweise

Die Ableitung der Prüf- und Maßnahmenwerte sieht folgende Schritte vor (LABO 1997):

- Heranziehen höchst zulässiger Schadstoffkonzentrationen in Pflanzen (Vorgabe pflanzenbezogener Bewertungsmaßstab),
- Beschreibung des Schwermetalltransfers vom Boden in die Pflanze und daraus rechnerische Ableitung einer zulässigen Bodenkonzentration zur Einhaltung der höchst zulässigen Pflanzenkonzentration,
- Prüfung der errechneten Bodenwerte auf Plausibilität, einschl. der Abschätzung der toxikologischen Belastung durch Gemüse aus schwermetallbelasteten Gärten, insbesondere für Cadmium (Delschen, Th. & J. Leisner-Saaber, 1998)
- Festlegung von Prüf- oder Maßnahmenwerten.

3.5 Vorgaben zulässiger Schwermetallkonzentrationen in Pflanzen

Im Hinblick auf die „Vermarktungsfähigkeit von Lebensmitteln" sind die gültigen Lebensmittelrichtwerte der ZEBS[111] (BGVV, 1997) als Vorgabe zugrunde zu legen (Tabelle 8).

Tabelle 8: Beispielhaft für Blei und Cadmium genannte Richtwerten für Schadstoffe in pflanzlichen Lebensmitteln (BGVV, 1997) in mg/kg Frischmasse in Angebotsform (verzehrbare Anteile)

	Pb	Cd
Weizenkörner	0,3	0,1
Roggenkörner	0,4	0,1
Sonnenblumenkerne	-	0,6
Schalenobst	0,5	0,05
Kartoffeln	0,25	0,1
Blattgemüse (ausgenommen Petersilienblätter, Küchenkräuter und Spinat)	0,8	0,1
Petersilienblätter	2	0,1
Küchenkräuter	2	0,1
Spinat	0,8	0,5
Sproßgemüse	0,5	0,1
Fruchtgemüse	0,25	0,1
Wurzelgemüse (ausgenommen Knollensellerie)	0,25	0,1
Knollensellerie	0,25	0,2
Beerenobst	0,5	0,05
Kernobst	0,5	0,05
Steinobst	0,5	0,05
Früchte und Rhabarber	0,5	0,05

Die ZEBS-Richtwerte haben keinen gesetzlich bindenden, sondern einen administrativen, orientierenden Charakter. Sie sollen aufzeigen, wann unerwünscht hohe Schadstoffkonzentrationen in Lebensmitteln vorliegen. Zum Zwecke eines vorbeugenden Verbraucherschutzes sollen Spitzenbelastungen von Schadstoffen erkannt und nach Möglichkeit abgestellt werden. Im wesentlichen spiegeln sie eine empirische Verteilung, nicht jedoch eine stringent

[111] Zentrale Erfassungs- und Bewertungsstelle für Umweltchemikalien

humantoxikologisch bestimmte Unbedenklichkeitsgrenze in Lebensmitteln wider.

Zur Ableitung von zulässigen Höchstgehalten für Schwermetalle in Futtermitteln ist die Futtermittelverordnung (FMVO, 1992) heranzuziehen (Tabelle 9). Als sogenannte „unerwünschte Stoffe“ sind darin u.a. für Cd und Pb Höchstgehalte festgelegt.

Tabelle 9: Zulässige Höchstgehalte an Cadmium und Blei nach Futtermittelverordnung (FMVO, 1992), ergänzt durch VDI-Richtwerte für Futtermittel (VDI, 1991, 1992) in mg/kg Futtermittel mit 88 % TS

Cd	1	Einzelfuttermittel pflanzlichen Ursprungs, Alleinfuttermittel für Rinder, Schafe und Ziegen (ausgenommen Kälber und Lämmer)
Pb	40	Grünfutter, Weidegras, Rübenblätter, Grünfuttersilage, Heu
	10	andere Einzelfuttermittel
	20	Alleinfuttermittel für Kälber, Schaf- und Ziegenlämmer
	30	andere Alleinfuttermittel für Rinder, Schafe und Ziegen
	5	andere Alleinfuttermittel

3.6 Abgeleitete höchst zulässige Schadstoffkonzentrationen in Pflanzen

Aus diesen Vorgaben werden die unten beispielhaft aufgeführten höchst zulässigen Schadstoffkonzentrationen in Pflanzen für die Bestimmung von Bodenprüf- oder maßnahmenwerten abgeleitet. Dazu wurden die doppelten ZEBS-Werte sowie die einfachen Werte der FMVO zugrundegelegt. Die doppelten ZEBS-Werte sind in der Praxis der Lebensmittelüberwachung als Indikator einer „echten“ Richtwertüberschreitung gebräuchlich. Die einfachen FMVO-Werte gelten für die Vermarktung von Futtermitteln; bei der Verwertung im eigenen Betrieb und Verschnitt mit unbelasteten Futtermitteln ist nach FMVO eine Überschreitung bis zum 2,5-fachen der Grenzwerte zulässig.

Zur Umrechnung von Frischmasse auf Trockenmasse wurden die Wassergehalte der verzehrbaren Anteile aus Nährwerttabellen (Souci et al., 1986), bei Grünland nach FMVO (88 % TS) herangezogen.

Tabelle 10: Zur Ableitung von Boden-Prüfwerten beispielhaft für Cd und Pb herangezogene höchst zulässige Schadstoffgehalte in Pflanzen [mg/kg TM], rechnerisch ermittelt aus den 2-fachen ZEBS-Werten bzw. den 1-fachen FMVO-Werten sowie umgerechnet auf TM unter Berücksichtigung der Wassergehalte [WG %] der verzehrbaren Anteile (Nährwerttabellen, Souci et al., 1986) bzw. von 12 % WG bei Grünlandaufwuchs;

	WG [%]	Cd	Pb
Weizenkörner	13,2	0,23	0,69
Roggenkörner	13,7	0,23	0,93
Blattgemüse (ausgen. Petersilienblätter, Küchenkräuter und Spinat)	90	2	16
Petersilienblätter	81,9	1,1	22
Küchenkräuter	81,9	1,1	22
Spinat	91,6	12	19
Kopfsalat u.a. Salate	95	4	32
Wurzelgemüse (ausgen. Knollensellerie)	90	2	5
Knollensellerie	88,6	3,5	4,4
Kartoffeln	77,8	0,9	2,3
Möhren	88,2	1,7	4,2
Sproßgemüse	90	2	10
Fruchtgemüse	92	2,5	6,3
Früchte und Rhabarber	94,5	1,8	18
Gemüse	90		
(Schalen-)Obst	90	1	10
Grünland, Silomais	12	1,1[1)]	45[1)]

1) Allein- oder Einzelfuttermittel (Rinder)

3.7 Schwermetalltransfer Boden/ Pflanze

Datengrundlage für die Auswertungen zum Schwermetalltransfer Boden/Pflanze ist die Datenbank „TRANSFER" beim UBA, in die zu dem bereits enthaltenen Datenbestand im Rahmen der Arbeit der Bund / Länder - Arbeitsgemeinschaft Bodenschutz weitere, umfangreiche Daten der Länder eingestellt wurden (u.a. Daten des 1995 durchgeführten länderübergreifenden Untersuchungsprogramms (LABO-ad-hoc-AG Schwermetalltransfer Boden/Pflanze, 1995)).

Die Datenbank TRANSFER enthält z.Zt. ca. 320.000 Datenpaare Boden/Pflanze[1111)], die sich aus Kombinationen von ca. 120 Pflanzenarten bzw. -teilen und verschiedenen Bodenextraktionsmitteln ergeben. Zum Teil existieren zu einem Pflanzenergebnis mehrere zugehörige Bodenuntersuchungsergebnisse (Anwendung verschiedener Extraktionsmittel an der gleichen Bodenprobe).

Die Auswertung der Datenbank wurde mit fachlicher Begleitung durch die LABO im Auftrag des UBA durchgeführt (Knoche et al., 1997). Als Bodenextraktionsmethode wird Königswasser berücksichtigt, weil es bislang in weiten Bereichen als Extraktionsmittel bei der Untersuchung der Schwermetallbelastung von Böden eingesetzt wird und infolgedessen dazu in der Datenbank TRANSFER ein umfangreicher Datenbestand vorliegt. Darüber hinaus ist es insbesondere bei Pflanzenarten/-teilen, bei denen mit einer nennenswerten Schadstoffbelastung über die Verschmutzung mit belastetem Bodenmaterial zu rechnen ist (insbesondere Grünlandaufwuchs), sinnvoll, die Transferbetrachtungen auf Basis der königswasserextrahierbaren Gehalte[11111)] durchzuführen. Bei den Transferauswertungen auf Basis der Königswasser-Extraktion ist zusätzlich der Einfluß mobilitätsbestimmender Bodenparameter (pH, Corg, Tongehalt) zu beachten.

Die Ammoniumnitrat-Extraktion wird herangezogen, weil sie die leicht pflanzenverfügbaren Schwermetallfraktionen des Bodens erfaßt, und damit eine Abschätzung des Schwermetalltransfers Boden/Pflanze (systemische Aufnahme über die Wurzeln) eher ermöglicht als die mittels Königswasser erfaßten Schwermetallgehalte. Zu weiteren Gesichtspunkten der Anwendbarkeit der Ammoniumnitrat-Extraktion wird auf die DIN 19730 verwiesen.

Aus dem zur Ableitung von Prüf- oder Maßnahmenwerten herangezogenen Datenbestand werden alle Datensätze entfernt, die aus Versuchen mit künstlicher Schadstoffbelastung des Bodens (insbesondere durch Zusatz von wasserlöslichen Schwermetallsalzen) und/oder aus Gefäßversuchen stammen. Die Auswertung zieht nur

---

1111) Davon ca. 61.000 Datenpaare für Königswasser- und ca. 21.000 Datenpaare für Ammoniumnitrat-Extraktion, jeweils aus Freilanduntersuchungen

11111) Mit Königswasser wird der mobile Schwermetallgehalt und ein Großteil des nichtmobilen Schwermetallgehaltes, jedoch nicht der Gesamtgehalt erfaßt. Aus Vereinfachungsgründen wird im folgenden der königswasserextrahierbare Schwermetallgehalt dennoch als „Schwermetallgesamtgehalt“ bezeichnet.

Daten aus realistischen_Freilanduntersuchungen heran. Sie wird in Form von Regressionsberechnungen vorgenommen. Abhängige Variable ist die jeweilige Schwermetallkonzentration in der Pflanze (TM), unabhängige Variable die Schwermetallkonzentration im Boden. In die Auswertung werden nur Werte aufgenommen, die oberhalb der jeweils angegebenen Bestimmungsgrenzen liegen. Die Daten werden grundsätzlich in logarithmierter Form verrechnet.

Bei den Auswertungen zur Grünlandnutzung werden die Regressionsberechnungen außer mit den Original-Pflanzendaten auch mit rechnerisch korrigierten Pflanzendaten durchgeführt. Dem liegt die Überlegung zugrunde, daß die in Feldversuchen und -erhebungen gewonnenen Daten zur Schwermetallbelastung des Grünlandaufwuchses den unter der realen Nutzung gegebenen Schwermetalltransfer Boden/Pflanze/Nutztier tendenziell unterschätzen. In der Realität wird dieser Schwermetalltransfer nämlich über die unvermeidbare Verschmutzung des Futters bei der Beerntung bzw. die direkte Bodenaufnahme der Weidetiere nicht unwesentlich erhöht. Nach einer Literaturauswertung (Böcker et al., 1995) ist von einer unvermeidbaren Verschmutzung bzw. Bodenaufnahmerate mindestens im Bereich von 2 - 4% bezogen auf die Futtertrockenmasse auszugehen. Die rechnerisch korrigierten Daten werden daher derart errechnet, daß zu den tatsächlich gemessenen Pflanzenkonzentrationen 3% der königswasserlöslichen Schwermetallkonzentration des jeweils zugehörigen Bodens addiert wurden.

Die Regressionsgleichung zeigt die statistische Beziehung zwischen Boden- und Pflanzenkonzentrationen. Als Schätzintervall wird zusätzlich das 60%-Konfidenzintervall der Einzelwerte (Wertepaare Boden/Pflanze) berechnet (d.h., daß ca. 20% der Werte oberhalb des oberen und ca. 20% der Werte unterhalb des unteren Konfidenzintervalles vorzufinden sind). Bei einer gegebenen höchstzulässigen Pflanzenkonzentration wird damit abgeschätzt (prognostiziert), bei welcher Bodenkonzentration 20, 50 oder 80% der Pflanzen die zulässige Konzentration überschreiten.

Mit den berechneten Regressionsbeziehungen sind aussagekräftigere Abbildungen des Boden-Pflanze-Transfers möglich als mit den herkömmlicherweise angegebenen Transferfaktoren, weil die Transferfaktoren auch stark von der Bodenkonzentration abhängen (sehr geringe Bodenkonzentration und geringe Pflanzenkonzentration =

hoher Transferfaktor; sehr hohe Bodenkonzentration und hohe Pflanzenkonzentration = geringer Transferfaktor); sie weisen keinen konstanten, linearen Verlauf auf. Deshalb werden in Einzelstudien je nach Konzentrationsbereich sehr unterschiedliche Transferfaktoren ermittelt.

In den nachstehenden Tabellen und sind die für die Ableitung von Prüf- oder Maßnahmenwerten berücksichtigten Ergebnisse der statistischen Auswertungen zusammengefaßt. Die Einzelergebnisse der durchgeführten Auswertungen sind gesondert veröffentlicht (Knoche et al., 1997).

Tabelle 11: Ergebnisse der Auswertungen der Datenbank Transfer zu Ackerbau, Erwerbsgemüsebau, Klein- und Hausgärten; für Cd und Pb errechnete Bodenwerte in µg/kg; AN = Ammoniumnitrat-Extrakt, KW = Königswasser-Extrakt; B = Bestimmtheitsmaß; zusammengefaßt aus Knoche et al. (1997)

Element	Extrakt	Pflanzenart	UICI (80 P.)	Regression (50 P.)	LICI (20 P.)	B (%)	n
Cd	AN	Weizenkorn	10	30	70	66	401
		Kartoffeln	>350			21	33
		Möhren	50	170	>460	54	159
		Spinat	70	140	300	76	155
		Salat	30	90	250	67	72
		Sellerie	10	20	40	39	102
		Mäßig anreich. Gemüse	40	110	>200	73	502
Pb	AN	Weizenkorn	120	3900	>25000	12	302
		Kartoffeln	>1500			39	27
		Möhren	80	>510		26	142
		Spinat	260	>510		40	118
		Salat	1300	>6300		23	57
		Mäßig anreich. Gemüse	1180	4750	>6300	34	511

Tabelle 12: Ergebnisse der Auswertungen der Datenbank Transfer zu Grünland und Futterbau, Bodenwerte in mg/kg für Cd und Pb; Grünlandaufwuchs incl. 3% Verschmutzungszuschlag; KW = Königswasser-Extrakt, B = Bestimmtheitsmaß; zusammengefaßt aus Knoche et al. (1997)

Element	Extrakt	Pflanzenart	UICI (80 P.)	Regression (50 P.)	LICI (20 P.)	B[1] (%)	n
Cd	KW	Grünlandaufwuchs	6,3	23	>45		744
		Silomais	2	18	160	40	139
Pb	KW	Grünlandaufwuchs	850	1230	1790		468
		Silomais	>20000			17	114

[1] bei Grünlandaufwuchs keine Angabe, da Interkorrelation zwischen Pflanzen- und Bodendaten durch rechnerische Berücksichtigung von 3% Verschmutzungsanteil in der Pflanzen-TM

Erläuterung der Ableitungsmaßstäbe im Beispiel Blei und Cadmium / Nutzung: Ackerbau (nach LABO 1997)

1. Blei: Beim Vergleich des Transfers von mobilisierbarem Blei (Extraktion mit Ammoniumnitrat) aus dem Boden in Pflanzen mit den ZEBS-Werten für die jeweilige Pflanzenart erweisen sich die ackerbauliche Kultur Weizen und die gartenbauliche Kultur Möhren als die jeweils empfindlichsten Fruchtarten. Bei der Auswertung der Datenbank TRANSFER für Blei ergeben sich nur niedrige Bestimmtheitsmaße für die Regressionsgleichungen (0,26 für Möhren und 0,12 für Weizen); die Ergebnisse der Regressionsgleichungen sind daher nur bedingt geeignet, Bodenwerte abzuleiten. Für Möhren werden bei Bodenwerten < 100 µg/kg in 19 % der untersuchten Fälle und bei Bodenwerten > 100 µg/kg in 36 % der untersuchten Fälle Überschreitungen des doppelten ZEBS-Wertes gefunden. Für Weizen werden bei Bodenwerten < 100 µg/kg in 9 % der untersuchten Fälle und für Bodenwerte zwischen 300 und 1000 µg/kg in 27 % der untersuchten Fälle Überschreitungen des doppelten ZEBS-Wertes gefunden. Die Adhoc AG „Schwermetall Transfer Boden/Pflanze" der LABO hat auf dieser Basis einen Prüfwert von 100 µg/kg ammoniumnitrat-extrahierbares Blei vorgeschlagen. Mäßig anreichernde Gemüsearten überschreiten bei 500 µg/kg den einfachen ZEBS-Wert in 27 % der Fälle, daher ist bei Bodengehalten, die sehr erheblich über 100 µg/kg liegen, mit einer toxikologisch relevanten Zusatzbelastung durch den Verzehr von selbsterzeugtem Gemüse zu rechnen.
2. Cadmium: Cadmium ist das Schwermetall mit der engsten Beziehung zwischen Boden- und Pflanzengehalten, die Vorhersagegenauigkeit der zu erwartenden Pflanzengehalte aus dem Bodenuntersuchungsergebnis ist vergleichsweise hoch. Der Umfang der der Ableitung zugrunde liegenden Daten ist ebenfalls relativ hoch (z. B. Weizen n = 401).

   Für den Maßnahmenwert von 40 µg/kg bildet Weizen die Ableitungsgrundlage. Mit einem Bestimmtheitsmaß von 66 % ist die Transferbeziehung sehr eng. Die Wahrscheinlichkeit der Überschreitung des doppelten Lebensmittelrichtwertes in Weizen bei diesem Bodengehalt liegt zwischen 50 und 80 %.
   Oberhalb von 40µg/kg Boden wird bei allen Bodengehalten des

Datenbestandes der einfache ZEBS-Wert überschritten. Der Wert prognostiziert die Überschreitung des doppelten ZEBS-Wertes mit hoher Sicherheit (Wahrscheinlichkeit 50 - 80%). Bei Bodengehalten von über 40µg/kg Cd überschreiten 91% der vorliegenden Daten den doppelten ZEBS-Wert, nur in 9% der Fälle liegt der Gehalt in der Pflanze zwischen dem einfachen und dem doppelten ZEBS-Wert. Selbst unterhalb von 40µg/kg Cd im Boden wird in 25 % der Fälle der einfache ZEBS-Wert überschritten, und in über 20 % der zweifache ZEBS-Wert. Das bedeutet, daß auch Bodengehalte unterhalb von 40µg/kg nicht generell unproblematisch sind.
Unterhalb des Maßnahmenwertes ist jedoch mit hoher Wahrscheinlichkeit keine toxikologisch relevante Zusatzbelastung des Menschen durch den Verzehr von selbsterzeugtem Gemüse gegeben.

Für Cadmium ist wegen der hohen Pflanzenverfügbarkeit auch eine Gefahrenbeurteilung aus dem Königswasser-Extrakt zulässig. Die Auswertung der Cadmium-Daten zu Ammoniumnitrat- und Königswasser-Extrakten zeigt, daß der Maßnahmenwert für mittlere Böden im Durchschnitt der Schwankungen mit pH-Wert und Tongehalt einem mit Königswasser-Extrakt ermittelten Wert von 2 mg/kg TM entspricht.

4 Literatur

Abdel-Rahman, M. S. U., Skowronski, G. A., Turkall, R. M., 1992: Effects of soil on the bioavailability of m-xylene after oral or dermal exposure. Journal of Soil Contamination, Vol. 1, 1992, S. 183-196

Abdel-Rahman, M. S., Skowronski, G. A., Turkall, R. M., 1993: A comparative study of the kinetics and bioavailability of pure and soil-adsorbed benzene, toluene, and m-xylene after dermal exposure. Health Risk Assessment, Dermal and Inhalation Exposure and Absorption of Toxicants, Eds. R. G. M. Wang, J. B. Knaak, H. I. Maibach, CRC Press, Boca Ratom, USA, S. 105-116

BAGS, Behörde für Arbeit, Gesundheit und Soziales, 1995: Bericht des Aussschusses für Umwelthygiene, Arbeitsgemeinschaft der leitenden Medizinalbeamtinnen und -beamten der Länder. Standards zur Expositionsabschätzung, Hamburg, 1995

Bartels, R & B. Scheffer, 1993: Reduzierung der Schwermetallaufnahme von Pflanzen aus kontaminierten Substraten durch Abdeckung mit unbelastetem Boden. In:Z. Kulturtechn. Landentwickl. 34, S. 303-310

Bergmann, W., 1989: Boden- und Umweltfaktoren, die die Mineralstoffaufnahme der Pflanzen beeinflussen -unter besonderer Berücksichtigung der Schwermetalle. In: Behrens, D, & J. Wiesner [Hrsg.], 1989: Beurteilung von Schwermetallkontaminationen im Boden. S. 317-340, Dechema, Frankfurt a. M.

BGA, Bundesgesundheitsamt (Hrsg.), 1976: Richtwerte '76 für As-, Pb-, Cd- und Hg-Gehalte in Lebensmitteln.Bundesgesundheitsblatt 20, S. 20-21, Berlin.

BGVV, Bundesinstitut für gesundheitlichen Verbraucherschutz und Veterinärmedizin (Hrsg.), 1997: Richtwerte für Schadstoffe in Lebensmitteln. Bundesgesundheitsblatt 40, S. 182-184.

Birke, C., W. Werner, 1991: Eignung chemischer Bodenextraktionsverfahren zur Prognose der Schwermetallgehalte in Pflanzen. In: Forschungszentrum Jülich (Hrsg.), 1991: Auswirkungen von Siedlungsabfällen auf Böden, Bodenorganismen und Pflanzen. Berichte aus der ökologischen Forschung, Bd. 6, S. 224-288, Jülich.

Böcker, J., Meyer-Burgdorf, K.-H., Abel H., 1995: Bodenaufnahme beim Weidegang oder bei der Fütterung von Rindern. In: Landesumweltamt NRW [Hrsg.], 1995: Literaturstudien zum PCDD/F-Transfer vom Boden in die Nahrungskette. LUA-Materialien 11, S. 81-148, Essen

Bundesministerium für Umwelt, Naturschutz und Reaktorsicherheit - AG WA I 5 / Umweltbundesamt, 1998: Basisdaten Toxikologie für umweltrelevante Stoffe zur Gefahrenbeurteilung bei Altlasten. Grundlage für untergesetzliche Regelungen zum Bundes-Bodenschutzgesetz. BMU - Umwelt Nr. 7 / 8 (1998), S. 346 - 348

Burmaster, D. E., Maxwell, N. I., 1991: Time- and loading-dependence in the McKone model for dermal uptake of organic chemicals from a soil matrix. Risk Analysis, Vol. 11, 1991, S. 491-497

Crößmann, G., 1994: Transfer und Akkumulation von Thallium bei Gemüse und Obstarten. VDLUFA-Schriftenreihe 38, Kongreßband Jena, S. 513-516, VDLUFA-Verlag, Darmstadt

Delschen, Th., 1996: Bodenüberdeckung als Sanierungsmaßnahme für schwermetallbelastete Gärten: Ergebnisse eines Feldversuches. In: Pfaff-Schley, H. (Hrsg.), 1996: Bodenschutz und Umgang mit kontaminierten Böden. S. 167-181, Springer-Verlag, Berlin

Delschen, Th., Rück, F. 1997: Eckpunkte zur Gefahrenbeurteilung von schwermetallbelasteten Böden im Hinblick auf den Pfad Boden/Pflanze, in: Zs. Bodenschutz 3, Heft 4, S. 114 - 121

Delschen, Th. & J. Leisner-Saaber, 1998: Selbstversorgung mit Gemüse aus schwermetallbelasteten Gärten: Eine Gefährdungsabschätzung auf toxikologischer Basis, in: Zs. Bodenschutz 4, Heft 1, Seite 17 - 21

Delschen, Th., Leisner-Saaber, J., Jannusch B., 1996: Untersuchungen zum Schwermetalltransfer Boden/Pflanze in Hausgärten der Stadt Lengerich. Herausgegeben vom Landesumweltamt NRW, Essen

DIN (Hrsg.), 1983: Aufschluß mit Königswasser zur nachfolgenden Bestimmung des säurelöslichen Anteils von Metallen. DIN 38414, Teil 7, Beuth Verlag, Berlin.

DIN (Hrsg.), 1997: Extraktion von Spurenelementen mit Ammoniumnitratlösung. DIN 19730, Beuth Verlag, Berlin.

Dresch, W., Einbrodt, H. J., Schröder, A., 1976: Beurteilung einer möglichen Gesundheitsgefährdung durch bleihaltige Sportplatzbeläge. Sportarzt und Sportmedizin, Vol. 9, 1976, S. 216-220

Eikmann, T., Heinrich, U., Heinzow, B., Konietzka, R. (Hrsg.) 1999: Gefährdungsabschätzung von Umweltschadstoffen, ergänzbares Handbuch toxikologischer Basisdaten und ihre Bewertung. Grundwerk, Erich Schmidt Verlag, Berlin, 1999

EPA, 1997: Exposure Factors Handbook. Volume I, General Factors, U.S. Environmental Protection Agency, Washington, DC

EPA, 1992: Dermal Exposure Assessment: Principles and Applications. Interim Report. U.S. Environmental Protection Agency, Washington, DC, 1992

Finley, B. L., Scott, P., Mayhall, D. A., 1994: Development of a standard soil-to-skin adherence probability density funtion for use in Monte Carlo analyses of dermal exposureRisk Analysis, Vol. 14, 1994, S. 555-569

FUVO, 1992: Futtermittelverordnung, Anlagen 1 bis 7, Anlageband zum Bundesgesetzblatt Teil I vom 21. November 1992

Franklin, C. A., Somers, D. A., Chu, I., 1989: Use of percutaneous absorption data in risk assessment. Journal of the American College of Toxicology, Vol. 8, 1989, S. 815-827

Hack, A., Kraft, M., Selenka, F., 1997: Erfassung und Bewertung von Daten zur biologischen Verfügbarkeit altlastenrelevanter Stoffe, Teilprojekt Bioverfügbarkeit von organischen und anorganischen Schadstoffen aus dem Boden, Forschungsbericht zum F.+E.-Vorhaben Nr, 103 40 123, im Auftrag des Umweltbundesamtes, 1997

Hassauer, M., Kalberlah, F., 1999: Arsen und Verbindungen, in: Gefährdungsabschätzung von Umweltschadstoffen, ergänzbares Handbuch toxikologischer Basisdaten und ihre Bewertung, Eikmann, T., Heinrich, U., Heinzow, B., Konietzka, R.. (Hrsg.), Grundwerk, Kennziffer D 095, Erich Schmidt Verlag, Berlin, 1999

HVBG, Hauptverband der gewerblichen Berufsgenossenschaften (Hg), 1994: Gefahrenstoffliste, BIA-Report 1/1994, Essen

Jahn, R., Kunold, W., 1997: Exkursionsführer für die Jahrestagung der Deutschen Bodenkundlichen Gesellschaft 1997 in Konstanz, Mitteilungen der Deutschen Bodenkundlichen Gesellschaft, 82, 1997

Kalberlah, F., Hassauer, M., Konietzka, R.; Schneider, K., 1999: Qualitätsbeurteilungen für unit risk-Berechnungen. In: Gefährdungsabschätzung von Umweltschadstoffen, ergänzbares Handbuch toxikologischer Basisdaten und ihre Bewertung. Eikmann, T., Heinrich, U., Heinzow, B., Konietzka, R. (Hrsg.), Grundwerk, Kennziffer B 010, Anhang 2, Erich Schmidt Verlag, Berlin, 1999

Kalberlah, F., Hassauer, M., Schneider, K., 1999: Basisdaten Toxikologie für umweltrelevante Stoffe zur Gefahrenbeurteilung bei Altlasten. Methodische Beschreibung: Tolerierbare resorbierte Dosen. In: Gefährdungsabschätzung von Umweltschadstoffen, ergänzbares Handbuch toxikologischer Basisdaten und ihre Bewertung. Eikmann, T., Heinrich, U., Heinzow, B., Konietzka, R. (Hrsg.), Grundwerk, Kennziffer B 010, Erich Schmidt Verlag, Berlin, 1999

Kalberlah, F., Schneider, K., 1998: Quantifizierung von Extrapolationsfaktoren, Endbericht des Forschungsvorhabens Nr. 116 06 113 des Umweltbundesamtes, Schriftenreihe der Bundesanstalt für Arbeitsschutz und Arbeitsmedizin, Forschung, Fb 796, Verlag für neue Wissenschaft GmbH, Bremerhaven, 1998

Kissel, J. C., Richter, K. Y., Fenske, R. A., 1996a: Field measurement of dermal soil loading attributable to various activities: implications for exposure assessment. Risk Analysis, Vol. 16, 1996, S. 115-126

Kissel, J. C., Richter, K. Y., Fenske, R. A., 1996b: Factors affecting soil adherence to skin in hand-press trials. Bulletin of Environmental Contamination and Toxicology, Vol. 56, 1996, S. 722-728

Knoche, H., Brandt, P., Viereck-Götte, L., Böken H., 1997: Auswertung der aktualisierten Schwermetalldatenbank hinsichtlich der Ammoniumnitrat-Extraktion im Rahmen des UBA F+E-Vorhabens Erarbeitung fachlicher Grundlagen zu untergesetzlichen Regelungen im Bodenschutz (Nr. 107 06 001/20). Fraunhofer-Institut für Umweltchemie und Ökotoxikologie, Schmallenberg, 06/1997.

Knoche, H., Klein, M., Kördel, W. KLEIN W., 1993: Auswertung von Länderdaten zu anorganischen Umweltchemikalien, Fraunhofer-Institut für Umweltchemie und Ökotoxikologie, UBA-FB-Nr. 107 03 007/14, Umweltbundesamt, Berlin

Konietzka, R., 1999: Handlungsorientierte Vorgehensweise zur Berücksichtigung kanzerogener Wirkungen bei Substanzen mit für die weitere Risikobetrachtung nicht geeigneter Risikoquantifizierung, in: Gefährdungsabschätzung von Umweltschadstoffen, ergänzbares Handbuch toxikologischer Basisdaten und ihre Bewertung, Eikmann, T., Heinrich, U., Heinzow, B., Konietzka, R. (Hrsg.), Grundwerk, Kennziffer B 010, Anhang 3, Erich Schmidt Verlag, Berlin, 1999

Konietzka, R., Dieter, H.H., 1998: Ermittlung gefahrenbezogener Schadstoffdosen zur Gefahrenabwehr beim Wirkungspfad Boden-Mensch, in: Rosenkranz, Einsele, Bachmann, Harreß (Hg.), Handbuch Bodenschutz. Loseblattsammlung,. 27. Lieferung, Kenn-Nr. 3530, Erich Schmidt Verlag, Berlin 1998

LABO (Bund/Länder-Arbeitsgemeinschaft Bodenschutz), 1997: Eckpunkte zur Gefahrenbeurteilung des Wirkungspfades Bodenverunreinigungen / Altlasten - Pflanze. In: Rosenkranz, Einsele, Bachmann, Harreß (Hg.), Handbuch Bodenschutz, 1998, Kennziffer 9009

LABO (Bund/Länder-Arbeitsgemeinschaft Bodenschutz), 1998: Hintergrundwerte anorganischer und organischer Stoffe in Böden. In: Rosenkranz, Einsele, Bachmann, Harreß (Hg.), Handbuch Bodenschutz, 1998, Kennziffer 9006

LABO / LAGA (Bund/Länder-Arbeitsgemeinschaft Bodenschutz / Länderarbeitsgemeinschaft Abfall) (1996): Eckpunkte zur Gefahrenbeurteilung des Wirkungspfades Bodenverunreinigungen/Altlasten - Mensch (Direkter Übergang), (unveröffentlicht)

LABO-ad-hoc-AG Schwermetalltransfer Boden/Pflanze, 1995: Leitfaden für die Durchführung eines länderübergreifenden Untersuchungsprogrammes zum Schwermetalltransfer Boden/Pflanze. Bearbeitet von Th. Delschen und J. Leisner Saaber -, Landesumweltamt NRW (unveröffentlicht).

LAI, Länderausschuß für Immissionsschutz, 1992: Krebsrisiko durch Luftverunreinigungen. Ministerium für Umwelt, Raumordung und Landwirtschaft des Landes Nordrhein-Westfalen (Hrsg.), TZ-D 161/92, 1992

Landesgesundheitsamt Baden-Württemberg, 1993: Prüfwerte für die Szenarios Kinderspielflächen, Siedlungsflächen, Gewerbeflächen (Stand 16. August 1993), Stuttgart, 1993

Liebe, F., Welp, G., Brümmer G. W., 1997: Mobilität anorganischer Schadstoffe in Böden Nordrhein-Westfalens. In: Landesumweltamt NRW [Hrsg.]: Materialien zur Altlastensanierung und zum Bodenschutz, Bd. 2 Essen

McKone, T. E., 1990: Dermal uptake of organic chemicals from a soil matrix. Risk Analysis, Vol. 10, 1990, S. 407-419

McKone, T. E., Howd, R. A., 1992: Estimating dermal uptake of nonionic organic chemicals from water and soil: I. Unified fugacity-based models for risk assessments. Risk Analysis, Vol. 12, 1992, S. 543-558

Ministerium für Umwelt und Verkehr Baden-Württemberg (UVM-BW) [Hrsg.], 1996: Schadstofftransfer Boden-Pflanze. Landesweites Untersuchungsprogramm zum Transfer von Arsen, Quecksilber, Blei und Thallium aus Böden in Grünlandaufwuchs und ausgewählte Gemüsepflanzen im Vegetationsjahr 1995. Verfaßt von der UMEG Gesellschaft für Umweltmessungen und Umwelterhebungen mbH, Karlsruhe (unveröffentlicht)

Mühlendahl, 1995: Vergiftungen im Kindesalter, Enke-Verlage Stuttgart 1995

Prüeß, A., 1992: Vorsorgewerte und Prüfwerte für mobile und mobilisierbare, potentiell ökotoxische Spurenelemente in Böden. Verlag Ulrich E. Grauer.

Reich, T., Frels, L., 1992: Bericht über Staubmessungen bei Gartenarbeit zur Abschätzung einer maximalen Belastung durch Schadstoffe im Boden, unveröffentlicht, 1992

Reifenrath, W. G., 1994: Assessment of Skin Penetration of Environmental Contaminants in Air and Bioremediated Soil Utilizing the Pig Skin Model. Reifenrath Consulting and Research, Rovato, CA, 1994

Robinson, A. L., Sextro, R. G., 1995: The influence of a subslab gravel layer and open aerea on soil-gas and radon entry into two experimental basements. Health Physics, Vol. 69, 1995, S. 367-377

Rück, F., 1993: Standortspezifische Stickstoffmineralisierung, jahreszeitlicher Verlauf des Mineralstickstoffvorrates und der Nitratauswaschung in Böden des Wasserschutzgebietes Donauried. Hohenheimer Bodenkundliche Hefte, Heft 15, Universität Hohenheim

Sachverständigenrat für Umweltfragen, SRU, 1993: Stellungnahme des Umweltrates zum Verordnungsentwurf nach § 40 Abs. 2 Bundes-Immissionsschutzgesetz (BImSchG), in: Umweltgutachten 1994, Verlag Metzler-Poeschel, Stuttgart

Sachverständigenrat für Umweltfragen, SRU, 1995: Altlasten II, Sondergutachten, Februar 1995. Metzler-Poeschel, Stuttgart

Sauerbeck, D., Lübben S., 1991: BMFT-Verbundvorhaben „Auswirkungen von Siedlungsabfällen auf Böden, Bodenorganismen und Pflanzen", Teil I - Gesamtüberblick -.In: Forschungszentrum Jülich [Hrsg.], 1991: Auswirkungen von Siedlungsabfällen auf Böden, Bodenorganismen und Pflanzen. Berichte aus der ökologischen Forschung, Bd. 6, S. 1 - 32, Jülich.

Sauerbeck, D., 1989: Der Transfer von Schwermetallen in die Pflanze. In: Behrens, D., Wiesner J., [Hrsg.]: Beurteilung von Schwermetallkontaminationen im Boden. Dechema, S. 281-316. Frankfurt.

Schneider, K., 1999: Zur Frage einer höheren Empfindlichkeit von Kindern gegenüber krebserzeugenden Stoffen. Umweltmedizin in Forschung und Praxis, 4 (3), S. 155-162

Skowronski, G. A., Kadry, A. M., Turkall, R. M., Botrous, M. F., Abdel-Rahman, M. S., 1994: Soil decreases the dermal penetration of phenol in male pig in vitro. Journal of Toxicology and Environmental Health, Vol. 41, 1994, S. 467-479

Skowronski, G. A., Turkall, R. M., Kadry, A. R., Abdel- Rahman, M. S., 1990: Effects of soil on the dermal bioavailability of m-xylene in male rats. Environmental Research, Vol. 51, 1990, S. 182-193

Souci, S.W., Fachmann, W., Kraut H., 1986: Die Zusammensetzung der Lebensmittel - Nährwert-Tabellen. Herausgegeben im Auftrag des Bundesministeriums für Ernährung, Landwirtschaft und Forsten von der Deutschen Forschungsanstalt für Lebensmittelchemie, München, 3. Auflage. Wissenschaftliche Verlagsgesellschaft.

Steubing, L., Vogel, A., Hammel W., 1996: Bindung und Mobilität ökotoxischer Metalle und Metalloide im Bereich von ehemaligen Quecksilber-Bergwerken im Nordpfälzer Bergland - Bestimmung der mobilen Fraktion von Quecksilber, Arsen und Antimon in Böden mittels Ammoniumnitrat (NH_4NO_3). Forschungsvorhaben im Auftrag des Ministeriums für Umwelt Rheinland-Pfalz, Institut für Pflanzenökologie, J.-L.- Univ. Gießen, (unveröffentlicht).

Umweltbundesamt (Hg.) 1999: Berechnung der Prüf- und Maßnahmenwerte der Bodenschutz- und Altlastenverordnung aufgrund der Ableitungsmaßstäbe für Prüf- und Maßnahmenwerte gemäß Bekanntmachung des BMU im Bundesanzeiger, (in Vorbereitung)

Umweltbundesamt, (Hg.) 1996: Umweltmedizinische Beurteilung der Exposition des Menschen durch altlastenbedingte Schadstoffe, Zwischenbericht 01.01.1995 - 31.01.1996, Anhang 1.3: Fallbeispiel Pelzfabrik (Land Hessen), Arbeitsgemeinschaft Institut Fresenius GmbH und focon-Ingenieurgesellschaft mbH, Erlangen, Aachen, Umweltforschungsplan des Bundesministers für Umwelt, Naturschutz und Reaktorsicherheit, F+E-Vorhaben 203 40 107, im Auftrag des Umweltbundesamtes, 1996

Umweltministerium Baden-Württemberg (UM-BW), 1993: Dritte Verwaltungsvorschrift des Umweltministeriums zum Bodenschutzgesetz über die Ermittlung und Einstufung von Gehalten anorganischer Schadstoffe im Boden (VwV Anorganische Schadstoffe) vom 24.08.1993.

Walker, S., Griffin, S., 1998: Site-specific data confirm arsenic exposure predicted by the U.S. Environmental Protection Agency. Environmental Health Perspectives, Vol. 106, 1998, S. 133-139

Watkin, G. E., Hull, R. W., 1991: Factors affecting the dermal bioavailability of hydrocarbons in soil: applicability to human health risk assessment. Hydrocarbon Contaminated Soils, Vol. 1, 1991, S. 541-554

Wester, R. C., Maibach, H. I., Bucks, D. A., Sedik, L., Melendres, J., Liao, C., Dizio, S., 1990: Percutaneous absorption of (14C)DDT and (14C)benzo(a)pyrene from soil. Fundamental and Applied Toxicology, Vol. 15, 1990, S. 510-516

Wester, R. C., Maibach, H. I., Sedik, L., Melendres, J., Liao, C. L., Dizio, S., 1992: Percutaneous absorption of (14C)chlordane from soil. Journal of Toxicology and Environmental Health, Vol. 35, 1992, S. 269-277

Wester, R. C., Maibach, H. I., Sedik, L., Melendres, J., Wade, M., Dizio, S., 1993a: Percutaneous absorption of pentachlorophenol from soil. Fundamental and Applied Toxicology, Vol. 20, 1993, S. 68-71

Wester, R. C., Maibach, H. I., Sedik, L., Melendres, J., Wade, M., 1993b: Percutaneous absorption of PCBs from soil: in vivo rhesus monkey, in vitro human skin, and binding to powered human stratum corneum. Journal of Toxicology and Environmental Health, Vol. 39, 1993, S. 375-382

Wester, R. C., Melendres, J., Logan, F., Hui, X., Maiback, H. I., Wade, M., et a., 1996: Percutaneous absorption of 2,4-dichlorophenoxyacetic acid from soil with respect to soil load and skin contact time: in vivo absorption in rhesus monkeys and in vitro absorption in human skin. Journal of Toxicology and Environmental Health, Vol. 47, 1996, S. 335-344

WHO, Weltgesundheitsorganisation, 1994: Assessing human health risk of chemicals. Derivation of guidance values for health based exposure limits. WHO, Genf 1994

Wiesert, P., Rippen, G., Dörr, H., 1996: Die Verfrachtung von Schadstoffen durch Winderosion - Versuch einer Quantifizierung. altlasten spektrum, 2/96, 1996, S. 79-81

Yang, J. J., Roy, T. A., Krueger, A. J., Neil, W., Mackerer, C. R., 1989: In vitro and in vivo percutaneous absorption of benzo(a)pyrene from petroleum crude-fortified soil in the rat. Bulletin of Environmental Contamination and Toxicology, Vol. 43, 1989, S. 207-214

Inhaltsübersicht Band 2

Inhalt Band 1

Inhalt Band 2

B. Kommentierung

Inhaltsverzeichnis

§ 4 Absatz 1
Prüfwerte der BBodSchV als Bewertungsgrundlage

1 Die Ergebnisse von orientierenden und vertiefenden Untersuchungen sind anhand der Prüf- und Maßnahmenwerte der BBoSchV zu bewerten. Hierbei wird in § 4 Abs. 1 nachdrücklich auf die Anwendung der Prüfwerte der Verordnung hingewiesen. Eine Bewertung auf Grundlage anderer Bodenwerte-Listen und Beurteilungsgrundsätzen wird somit – zumindest weitestgehend[1] - ausgeschlossen.

2 Bis zum Inkrafttreten des BBodSchG und der BBodSchV[2] wurden von den einzelnen Bundesländern landeseigene Listen angewandt, in denen u.a. Prüfwerte und Sanierungszielwerte vorgegeben waren. Diese „Kleinstaaterei" in Bezug auf den Bodenschutz war letztendlich auch einer der Gründe, die zur Schaffung einer bundeseinheitlichen Regelung des Bodenschutzes führten. Es existierten zeitweise über 30 verschiedene ländereigene Bewertungsgrundsätze, die eine

[1] vgl. zur Anwendbarkeit der landesrechtlichen Vorschriften einschließlich der sog. Hollandliste: Leitzke, C., Die Bundes-Bodenschutzverordnung: Das Aus für die Landeslisten?, Altlasten Spektrum 2000 S. 111 und OVG Lüneburg, Beschluss vom 3.5.2000 - 7 M 550/00 -

[2] vom 12.07.1999, BGBl. I 1554, = Nr. 1220 der Sammlung

verläßliche Bewertung von Altlastverdachtsflächen, teilweise sogar innerhalb eines Bundeslandes, sehr erschwerten.

3 Mit Verabschiedung der BBodSchV wurden nun bundeseinheitlich geltende Prüf-, Maßnahmen- und Vorsorgewerte festgelegt. Für die in Anhang 2 der BBoSchV aufgeführten (Schad-)Stoffe und deren Werte ist somit grundsätzlich kein Rückgriff auf landesspezifische Vorgaben mehr möglich[3].

4 Die Anwendung von Werten aus Landeslisten zum Vollzug des Bodenschutzes darf nur noch unter folgenden Bedingungen stattfinden[4]:

a) Für die Stoffe sind keine Werte in der BBodSchV enthalten
und
b) die Werte beziehen sich auf den Wirkungspfad Boden-Grundwasser,
oder

sie entsprechen den Ableitbedingungen, die im Bundesanzeiger Nr. 161a[5] genannt sind.

5 Die in Anhang 2 der BBodSchV aufgeführten Wertegruppen werden wie folgt gegliedert:

6 - Maßnahmenwerte (Anwendung: nutzungs- und schutzgutbezogen): Bei Überschreitung ist in der Regel von einer schädlichen Bodenveränderung (oder Altlast) auszugehen und Maßnahmen zur Sanierung und Sicherung sind erforderlich. Die Maßnahmenwerte markieren die Gefahrenschwelle, ab der Gefahren für den Bereich Boden-Mensch, Boden-Pflanze, Boden-Wasser zu rechnen ist.

7 - Prüfwerte[6] (Anwendung: nutzungs- und schutzgutbezogen): Bei Überschreitung ist eine einzelfallbezogene Prüfung mit dem Ziel durchzuführen: ob eine schädliche Bodenveränderung (oder Altlast) vorliegt. Die Prüfwerte (Geringfügigkeitsschwelle) markieren nicht die Gefahrenschwelle, sondern verpflichten die Behörde zur Veranlassung weiterer Untersuchungen, ob eine Gefahr vor-

[3] Vgl. FN. 1

[4] Vgl. Leitzke, aaO

[5] Vgl. die Kommentierung zu §4 Absatz 4 BBodSchV

[6] Vgl. auch die Kommentierung BBodSchV, Einleitung Rdrn. 28

liegt. Bei Unterschreitung ist von keinem Schadensfall auszugehen[7].

- Vorsorgewerte (Anwendung: schadstoffbindungsbezogen): Bei Überschreitung ist in der Regel von einer schädlichen Bodenveränderung auszugehen. Die Differenzierung erfolgt wegen der unterschiedlichen Schadstoffbindung von Schwermetallen anhand der Bodenarten Ton, Lehm und Sand bzw. bei organischen Stoffen (PCB, PAK) anhand des Humusgehaltes. 8

Zu berücksichtigen ist, dass lediglich die Prüf- und Maßnahmenwerte eine gewisse Hierarchie aufweisen und die Vorsorgewerte isoliert davon zu sehen sind[8]. 9

Für die Prüf- und Maßnahmenwerte ist von einer nutzungs- und schutzgutbezogenen Bewertung auszugehen, die folgende drei Wirkungspfade unterscheidet: 10

- Wirkungspfad Boden-Mensch (orale, inhalative und dermale Schadstoffaufnahme)
- Wirkungspfad Boden-Nutzpflanze
- Wirkungspfad Boden-Grundwasser

Die Prüf- oder Maßnahmenwerte entscheiden auf der Stufe der **Orientierenden Untersuchung** (OU) über den hinreichenden Verdacht einer Gefährdung. Die Ableitung der Werte erfolgte wie zuvor beschrieben anhand von Standardexpositionsszenarien. Die Prüf- und Maßnahmenwerte beziehen sich dabei auf das jeweilige **Kontaktmedium** an der Stelle seines Überganges in das Schutzgut als Ort der Beurteilung. Konkret heißt das, die Werte beziehen sich auf den Boden für das Schutzgut Mensch (Pflanze) sowie auf das Sickerwasser für das Schutzgut Grundwasser. 11

Bei einer Überschreitung von Prüf- oder Maßnahmenwerten ist eine **Detailuntersuchung** (DU) durchzuführen. In Abhängigkeit von den gemessenen oder auch prognostizierten Schadstoffgehalten sind die Ergebnisse einer Einzelfallbetrachtung zu unterziehen, um ggf. eine Gefährdung zu bestätigen oder auszuschließen. 12

---

[7] Vgl. zur Problematik der per Legaldefinition erfolgten „Freistellung" die Kommentierung zu BBodSchV, Einleitung Rdnr. 48

[8] Vgl. Schrader, C., Das neue Bodenschutzgesetz, Wasser und Boden 1998 Heft 5 S. 8-13

13 Hierbei sollte beachtet werden, daß gemäß § 9 BBodSchG bei der Überschreitung von Maßnahmenwerten bereits nach der Orientierenden Untersuchung (OU) (ohne Detailuntersuchung (DU) mit der einzelfallbezogener Expositionsabschätzung) der Tatbestand einer Gefährdung gegeben sein kann. Im Hinblick auf eine nachfolgende Sanierungsuntersuchung und ggf. Sanierung sollte jedoch auf die Ergebnisse und dem damit verbundenen deutlich größeren Erkenntnisgewinn aus der DU nicht verzichtet werden.

§ 4 Absatz 2
Beurteilung von Untersuchungsergebnissen

14 Liegt der Gehalt oder die Konzentration eines Schadstoffes unterhalb des Prüfwertes in Anhang 2, ist insoweit der Verdacht einer schädlichen Bodenverunreinigung (SBV) oder Altlast ausgeräumt.

15 Insbesondere im Grundstücksverkehr ist es von zentraler Bedeutung, ob ein Grundstück als Altlastverdachtsfläche in einem landeseigenen Kataster erfaßt ist oder nicht, da eine Erfassung in der Regel mit einer deutlichen Wertminderung einhergeht. Es ist im Hinblick auf ein erfolgreiches Flächenrecycling anzustreben, daß ein Grundstück bei ausgeräumtem Altlastverdacht auch aus dem jeweiligen Landeskataster entlassen wird. In der gängigen Praxis ist jedoch häufig, zwar mit entsprechendem Vermerk, trotz ausgeräumten Verdachtes ein weiteres Belassen der Fläche im Altlastenkataster zu verzeichnen. Die zukünftige Behandlung dieser Frage in der fachbehördlichen Verwaltungspraxis bzgl. der Entlassung einer Verdachtsfläche aus dem Kataster bei ausgeräumtem Verdacht bleibt abzuwarten.

16 Es ist zu beachten, daß aufgrund der unterschiedlichen Funktion von gefahrenbezogen abgeleiteten Prüfwerten des Bodenschutzrechts und vorsorgeorientierten Zuordnungswerten des Abfallrechts (LAGA) trotz ausgeräumten Altlastenverdachtes gemäß BBodSchV[9] insbesondere auf industriell-gewerblich genutzten Flächen bei Aushubmaßnahmen **besonders überwachungsbedürftiger** Abfall entstehen kann. Prädestiniert sind Flächen, auf denen bedingt durch die Vornutzung ein erhöhtes Potential an Schwermetallen bzw. Cyaniden und PAK vorliegt (z.B. Flächen im Bereich ehem. Gaswerks-

[9] bspw. Prüfwerte „Boden – Mensch" unterschritten

standorte). Die Prüfwerte im Anhang 2 für den Wirkungspfad Boden-Mensch liegen aufgrund des o.g. Funktionsunterschieds für die genannten Parameter teilweise deutlich über den Zuordnungswerten Z 2 der LAGA und erfordern daher spezielle abfallrechtliche Maßnahmen bei der Verwertung / Entsorgung des anfallenden Bodenaushubs.

Bei einer Überschreitung der in der BBodSchV festgelegten Prüfwerte ist anhand einer Gefährdungsabschätzung zu prüfen, ob eine schädliche Bodenveränderung(SBV) bzw. Altlast vorliegt. Im Rahmen der Untersuchung (OU, DU) und Bewertung sind insbesondere Art und Konzentration der Schadstoffe, die Ausbreitungswege über die verschiedenen Pfade und die Aufnahme durch Mensch, Tier und Pflanze zu berücksichtigen. Von besonderer Bedeutung ist hierbei die jeweilige Nutzung des betreffenden Untersuchungsgeländes. 17

Neben der Prüfwert-Betrachtung am Ort der Probenahme und ggf. der daraus resultierenden Einstufung eines Grundstücks als Altlast sind darüberhinaus bei Vorliegen einer SBV bzw. Altlast die Auswirkungen am Ort der Gefahrenbeurteilung (Übergang von der wasserungesättigten zur wassergesättigten Bodenzone, d. h. der Kapillarsaum) abzuschätzen. 18

In Fachkreisen ist die exakte Abgrenzung der Kapillarzone jedoch umstritten; im allgemeinen wird sie vollständig der wassergesättigten Bodenzone zugerechnet. Im Hinblick auf das Vorliegen von Grundwasserkontaminationen und die etwaige vertikale Verschleppung von Schadstoffen im Kapillarsaum (z. B. bei Grundwasserschwankungen mit aufschwimmender Ölphase), sind Situationen denkbar, die am Ort der Gefahrenbeurteilung eine eindeutige Trennung in „Sickerwasser" und „Grundwasser" erschweren wenn nicht gar unmöglich machen. 19

§ 4 Absatz 3
Sickerwasserprognose

Zur Bewertung der von Verdachtsflächen oder altlastverdächtigen Flächen ausgehenden Gefahren für das Grundwasser ist eine Sickerwasserprognose zu erstellen. Es wird also nicht wie bisher allein durch eine Oberstrom-Unterstrombetrachtung festgestellt, ob durch vorhandene Bodenbelastungen der Grundwasserleiter verunreinigt wird. 20

21 Der Ort der Gefahrenbeurteilung ist dabei der Übergang der **wasserungesättigten** zur **wassergesättigten** Bodenzone. Der Ort der Probenahme muß nicht notwendigerweise mit dem Ort der Gefahrenbeurteilung übereinstimmen. Vielmehr soll versucht werden, anhand der örtlichen Situation eine Abschätzung vorzunehmen, welche Beschaffenheit das in den Grundwasserleiter eintretende Sickerwasser aufweist. Bei der Sickerwasserprognose[10] handelt sich also um eine Abschätzung der von Verdachtsflächen ausgehenden Immissionen für den Grundwasserleiter.

22 Nach Anhang 1 Nr. 3.3 der BBodSchV , kann die näherungsweise Abschätzung der Stoffkonzentrationen und -frachten im Sickerwasser am Ort der Beurteilung

- durch Rückschlüsse oder Rückrechnungen aus Untersuchungen im Grundwasserabstrom unter Berücksichtigung der Stoffkonzentration im Grundwasseranstrom, der Verdünnung, des Schadstoffverhaltens in der ungesättigten und gesättigten Bodenzone sowie des Schadstoffinventars im Boden, oder
- auf der Grundlage von in situ-Untersuchungen, oder
- auf der Grundlage von Materialuntersuchungen im Labor (Elution, Extraktion), bei organischen Stoffen insbesondere die Elution mit Wasser gemäß der Verfahren zur Herstellung von Eluaten mit Wasser

auch unter Anwendung von Stofftransportmodellen erfolgen.

23 Bei der Anwendung der Sickerwasserprognose nach Anhang 1 Nr. 3.3 ist im Einzelfall insbesondere abzuschätzen und zu bewerten, ob und in welchem Maße die Stoffkonzentration im Sickerwasser den Prüfwert am Ort der Beurteilung, d.h. am Übergang von der ungesättigten in die gesättigte Bodenzone, überschreitet.

24 Bei einer Unterschreitung des jeweiligen Prüfwertes gemäß Anhang 2 Nr. 3.1 für eine Schadstoffkonzentration am Ort der Beurteilung ist der Verdacht einer schädlichen Bodenveränderung oder Altlast ausgeräumt. Bei einer Überschreitung ist im Einzelfall ab-

---

[10] Der Begriff „Sickerwasserprognose" wird gemäß § 2 BBodSchV definiert als *„Abschätzung der von einer Verdachtsfläche, altlastverdächtigen Fläche, schädlichen Bodenveränderung oder Altlast ausgehenden oder in überschaubarer Zukunft zu erwartenden Schadstoffeinträge über das Sickerwasser in das Grundwasser, unter Berücksichtigung von Konzentrationen und Frachten und bezogen auf den Übergangsbereich von der ungesättigten zur wassergesättigten Zone."*

zuschätzen, ob die Stoffkonzentration im Sickerwasser am Ort der Beurteilung den Prüfwert übersteigen wird. Wenn eine repräsentative Beprobung des Sickerwassers direkt am Ort der Beurteilung möglich war, ist die Abschätzung nicht notwendig. Am Ort der Probenahme können hingegen Stoffkonzentrationen im Sickerwasser

- für anorganische Schadstoffe mit den Ergebnissen des Bodensättigungsextraktes ansatzweise gleichgesetzt werden
- für organische Stoffe aus Säulenversuchen der entnommenen Proben unter Berücksichtigung der Standortbedingungen am Entnahmeort, insbesondere im Hinblick auf die Kontaktzeit, mit Verfahren gemäß Anhang 1 Tab. 7 ermittelt werden.

Bei der Abschätzung des Schadstoffeintrages im Übergangsbereich 25
von der ungesättigten zur gesättigten Bodenzone ist insbesondere die Abbau- und Rückhaltewirkung der ungesättigten Zone zu berücksichtigen. Hierbei maßgebend sind vor allem die Kriterien Grundwasserflurabstand, Bodenart, Organische Substanz (Humusgehalt), pH-Wert, Grundwasserneubildungs-/Sickerwasserrate sowie Mobilität und Abbaubarkeit der Stoffe.

In Anlehnung an das schon seit mehr als zehn Jahren in der Alt- 26
lastenbearbeitung eingesetzte Emissions - Transmissions - Immissions - Konzept (ETI) kann die Sickerwasserprognose gemäß Bodenschutzrecht in zwei wesentliche Komponenten getrennt werden:

1. Schadstoff-Freisetzung („Emission“) aus dem kontaminierten Material am Ort der Probenahme sowie
2. Transport (Transmission) der Schadstoffe bis zum Ort der Beurteilung (Übergang von der ungesättigten in die gesättigte Zone)

Durch die Schadstoff-Freisetzung im **Schadensherd** kommt es im 27
ersten Fall zunächst zu einer Anreicherung der Schadstoffe im Sickerwasser, während ggf. vorhandene Abbauprozesse in der **ungesättigten** Zone zu einem Rückgang der Konzentrationen während des Schadstofftransports führen können. Rückhalteprozesse (Sorption, Fällung, etc.) sorgen nur für eine mehr oder minder ausgeprägte Verzögerung des Schadstofftransports im Sickerwasser. Zusätzliche Abbau- und Rückhalteprozesse können auch in der **gesättigten** Zone ablaufen, werden aber in der bodenschutzrechtlichen Gefahrenbeurteilung für das Grundwasser nicht berücksichtigt. Bei einer Beurteilung des Schadstoffverhaltens im Grundwasser selbst können die-

se Prozesse jedoch im Einzelfall mit einbezogen werden, wenn die Verhältnismäßigkeit von möglichen Maßnahmen zur Sanierung des Grundwassers geprüft werden soll.

28 Eine Schadstoff-Freisetzung aus kontaminiertem Material findet nur statt, wenn ein Ungleichgewicht zwischen der gelösten und der gebundenen Phase herrscht, d.h. die Konzentrationen in der mobilen Phase (Perkolations-, Sickerwasser) kleiner als in der gebundenen Phase (Poren- und Haftwasser der Feststoffmatrix) sind. Gleichgewichtsbedingungen sind dann erreicht, wenn ein Konzentrationsausgleich zwischen mobiler und immobiler Phase stattgefunden hat. Dies bedeutet auch das Erreichen maximaler Konzentrationen im Sickerwasser und damit keine weitere Schadstoff-Freisetzung ab diesem Punkt.

29 Wie bereits erwähnt sind als Untersuchungsverfahren für die **anorganischen** Verbindungen u. a. Elutionsversuche gemäß DEV S4 vorgesehen, während aufgrund der bekannten geringen Aussagekraft des DEV S4-Verfahrens für **organische** Schadstoffe diese gemäß Anhang 1, 3.1.2 durch Säulen- oder Lysimeterversuche geprüft werden sollen.

30 Bei der Untersuchung von **anorganischen** Schadstoffen (bspw. Schwermetalle, Cyanide) wird gemäß Anhang 1, 3.1.2 auf folgende Verfahren zurückgegriffen:

- Königswasserextrakt
- Ammoniumnitratextrakt
- Elution mit Wasser (DEV S4)

31 Der **Königswasserextrakt** (DEV S7) ermittelt das gesamte Potential an anorganischen Stoffen (bspw. Schwermetallen) in einer Bodenprobe. Das Gesamtpotential ist unter natürlichen Bedingungen jedoch nicht sofort und vollständig verfügbar, sondern wird nur langfristig und nur zu einem geringen Teil gelöst. Der Königswasserextrakt wird daher nur zur Beurteilung der Wirkungspfade Boden-Mensch (= direkte orale Aufnahme) sowie aufgrund der Ergebnisse von Untersuchungen zur Pflanzenverfügbarkeit auch für bestimmte Parameter zur Beurteilung der Wirkungspfade Boden-Nutzpflanze eingesetzt.

32 Mit dem **Ammoniumnitratextrakt** läßt sich im Gegensatz zum Gesamtpotential des Königswasserextrakts der verfügbare (= lösliche) Anteil an anorganischen Schadstoffen in einer Bodenprobe ermitteln. Mit dem NH_4NO_3-Extrakt wird eine Situation simuliert, wie

sie häufig in landwirtschaftlich genutzten Böden vorkommt. Neben dem Wasser des Niederschlags treten düngebedingt zusätzlich auch schwache Säuren in der Bodenlösung auf, die in der Regel im Vergleich zum DEV S4-Eluat eine etwas höhere Mobilisierung von anorganischen Schadstoffen bewirken. Hiermit können anorganische Stoffkonzentrationen im Sickerwasser bestimmt und zur Bewertung des Wirkungspfades Boden-Nutzpflanze herangezogen werden.

Zur Abschätzung von anorganischen Schadstoffkonzentrationen 33
im Sickerwasser für den Wirkungspfad Boden-Grundwasser wird das Verfahren **Elution mit Wasser (DEV S4)** verwendet. Mit dem DEV S4-Eluat wird die Auswaschung von anorganischen Schadstoffen aus einer Altlast oder schädlichen Bodenverunreinigung simuliert, wie sie bei einem Niederschlagsereignis zu erwarten wäre. Eine völlig unkritische Übernahme der Ergebnisse dieses Verfahrens ist zu vermeiden, da verschiedene Faktoren im Boden wie bspw. pH-Wert, Tonminerale, Humusstoffe, Fe-Oxide bei der Interpretation der DEV S4 Ergebnisse zu berücksichtigen sind.

Für die Abschätzung von **organischen** Schadstoffkonzentratio- 34
nen im Sickerwasser wird im Anhang 1 die Durchführung von Säulenversuchen (Vornorm DIN V 19736) oder wahlweise Lysimeterversuchen vorgeschlagen. Beide Verfahren erfordern erhöhten bzw. sehr hohen gerätetechnischen Aufwand und werden daher sinnvollerweise erst in der Detailuntersuchung bzw. Sanierungsuntersuchung eingesetzt. Im Gegensatz zu den im Labormaßstab durchgeführten Säulenversuchen ist bei Lysimeterversuchen zusätzlich die Untersuchung des Transportpfades und der dort stattfindenden Rückhalte- und Abbauprozesse möglich. Aufgrund des großen technischen und wirtschaftlichen Aufwandes bei der Herstellung und Überwachung von Lysimetern (schwierige Entnahme des „ungestörten Bodenkörpers", u. U. sehr lange Beobachtungs- und Meßzeiträume) wird der Einsatz dieses Verfahrens vermutlich auf besondere Anwendungsfälle beschränkt bleiben.

Eine wesentliche Kritik an den Säulenversuchen gemäß DIN V 35
19736 ist die problematische Einstellung eines Gleichgewichtes (s. o.) zwischen mobiler und immobiler Phase, was im Einzelfall zu einer falschen Einschätzung des Sickerwasseraustrags führen kann. Gegenwärtig laufen hierzu noch verschiedene Forschungsprojekte, deren Resultate auch im Hinblick auf eine Verabschiedung der DIN-Vornorm noch abgewartet werden müssen.

36 Nach Anhang 1, 3.3 der BBodSchV kann die Abschätzung der Schadstoffkonzentrationen im Sickerwasser auch auf der Grundlage von in-situ Untersuchungen erfolgen. Grathwohl[11] schlägt vor, für flüchtige Stoffe (z.B. leichtflüchtige chlorierte Kohlenwasserstoffe, BTEX, Hg etc.) Bodenluftuntersuchungen einzusetzen, um dann über die Henry-Konstante die Schadstoffkonzentrationen im Sickerwasser zu berechnen[12]. Diese Berechnung basiert auf der Annahme des lokalen Gleichgewichtes zwischen Sicker- bzw. Kapillarwasser und der Bodenluft, das sich, wegen der hohen Diffusionskoeffizienten der flüchtigen Schadstoffe in der Gasphase, selbst in relativ schnell fließendem Sickerwasser (z. B. bei partikelgetragenem Transport) relativ rasch einstellt. Da die Grundlage dieser Berechnungen die Schadstoffkonzentration in der Bodenluft ist, kommt einer zuverlässigen Bodenluftprobenahmemethode eine besondere Bedeutung zu. Im Gegensatz zu den weit verbreiteten Methoden der Bodenluftbeprobung aus dem offenen Bohrloch, die bei einer ersten Standorterkundung eingesetzt werden, erlauben stationäre Entnahmesonden („Gasmeßpegel") nach Grathwohl et al.[13] eine sehr gute Reproduzierbarkeit bei Wiederholungsmessungen auch über längere Zeiträume (z.B. Monate). Der damit verbundene höhere Aufwand bei der Bodenluftentnahme scheint dann gerechtfertigt, wenn es nicht nur um ein erstes Screening sondern um die Sickerwasserprognose geht. Die Bodenluftuntersuchung kann prinzipiell sowohl zur Quantifizierung der Schadstoffkonzentrationen im Schadensherd (Quelle) als auch im tieferen Untergrund zur Bestimmung der Konzentrationen im Sickerwasser z.B. am Ort der rechtlichen Beurteilung durchgeführt werden. Bei Einsatz des Bodenluftverfahrens für die Sickerwasserprognose ist der problematische Punkt, dass lediglich von der Annahme eines Gleichgewichtes zwischen Bodenluft- und Sickerwasserwasserphase ausgegangen werden kann. Darüberhinaus ist dieses Verfahren nur als Hilfsmittel bei bestimmten leichtflüchtigen Schad-

---

[11] Grathwohl, P. (2000): Der Säulenversuch als Instrument der Sickerwasserprognose.- Vortrag XI.Sächs. Altlastenkolloquium 09./10.11.2000

[12] siehe die Schweizer AltastenVerordnung vom 01.10.1998, Anhang 1, Absatz 4, Schweizerischer Bundesrat, 1998

[13] Grathwohl, P., Forster, F:, Voutta, A. (1990): Stationäre Meßstelleneinrichtung zur Erkundung und Überwachung von Untergrundkontaminationen durch leichtflüchtige Schadstoffe.-Wasser und Boden Heft 3, S.170 - 173

stoffen (CKW, BTEX) anzuwenden. Für andere organische Stoffe wie bspw. MKW oder PAK scheidet das Verfahren aus. Für diese Fälle ist ein Rückgriff auf die o. g. Säulenversuche notwendig.

In der Sickerwasserprognose sind wie bereits erwähnt Flurab- 37
stand, Rückhaltevermögen und Abbauvorgänge in der ungesättigten Bodenzone zu berücksichtigen. Am Ort der Probenahme, der deutlich oberhalb des Grundwasserspiegels liegen kann, können somit u.U. deutlich höhere Konzentrationen tolerabel sein als in der Prüfwertliste der BBodSchV angegeben, ohne am Ort der Gefahrenbeurteilung zu einer Überschreitung der Prüfwerte zu führen.
Einige der bei der Sickerwasserprognose zu berücksichtigende Randbedingungen sind zwar eindeutig zu bestimmen. Andere, insbesondere das Rückhaltevermögen und die Abbauvorgänge bei der Bodenpassage sind jedoch meist entweder nur qualitativ abzuschätzen oder sehr aufwendig zu ermitteln.

Im Falle von sehr geringen Flurabständen bzw. Fällen, wo der 38
größte Anteil der Belastungen unterhalb des Grundwasserspiegels liegt, ist eine Sickerwasserprognose sinnvoll nicht mehr durchzuführen. Die Schadstoffmenge, die auf dem Sickerwasserpfad in den Grundwasserleiter gelangt, kann im Vergleich zur Elution durch von Grundwasser durchströmte Bereiche nur noch gering sein. In diesem Fall sollte die Beurteilung der Gefahrensituation für das Grundwasser wie bislang hauptsächlich durch entsprechende Grundwasseruntersuchungen erfolgen.

§ 4 Absatz 4
Abschließende Bewertung nach der Detailuntersuchung

Die zuständige Behörde hat nach Vorlage der Ergebnisse der Detail- 39
untersuchung eine Bewertung dahingehend durchzuführen, ob Sanierungs-, Sicherungs oder Beschränkungsmaßnahmen i. S. von § 2 Abs. 7 oder 8 BBodSchG auf der Verdachtsfläche erforderlich sind[14]. Abweichend von den o.g. anzuwendenden Maßnahmen könnte bei entsprechender Sachlage von der zuständigen Behörde aber auch ein Monitoring-Programm verlangt werden. Bei diesem Programm kann es sich bspw. um eine in regelmäßigen Zeitabständen

[14] Insoweit wird dadurch auch die Systematische Stellung der Detailuntersuchung in der Untersuchungsabfolge geregelt.

zu wiederholende Grundwasseruntersuchung im Umfeld einer Altlastverdachtsfläche handeln, die dazu dient, Änderungen im Schadstoffausbreitungsverhalten zu erkennen und ggf. mit entsprechenden (Sanierungs-)Maßnahmen zu reagieren(s.a. § 3 Abs. 7 BBodSchV). Die wiederkehrende Untersuchung ist vor allem im Hinblick auf die gegenwärtige Diskussion um die sogenannte „natural attenuation“ von Bedeutung. Mit dem auf Deutsch auch als „Kontrollierter Natürlicher Rückhalt und Abbau“ bezeichneten Begriff der „natural attenuation“ ist nicht, wie häufig fälschlich behauptet, eine neue Sanierungstechnik geschaffen worden, sondern vielmehr werden natürlich im Boden und Grundwasser ablaufende komplexe biologische und chemisch-physikalische Prozesse (Abbau, Dispersion, Adsorption, chemische Umsetzung u.a.) bei der Gefährdungsabschätzung berücksichtigt. Bei Altlasten oder Kontaminationen, von denen keine unmittelbare Gefahr ausgeht und somit auch kein unmittelbarer Sanierungsbedarf besteht, kann daher u. U. eine Überwachung (= Monitoring) dieser natürlich ablaufenden Abbau- und Rückhalteprozesse ausreichend sein.

40 Eine besondere Betonung in Abs. 4 liegt auf dem Hinweis, daß die abschließende Bewertung notwendigerweise unter „Beachtung der Gegebenheiten des Einzelfalls“ durchzuführen ist. Die Gefahrenbeurteilung erfolgt auf der Grundlage der Maßnahmenwerte in Anhang 2, soweit für die jeweiligen Schadstoffe entsprechende Maßnahmenwerte vorhanden sind. Fallen jedoch im Rahmen der Detailuntersuchung zusätzliche Kenntnisse bspw. über die Mobilisierbarkeit und Ausbreitungswege der betreffenden Schadstoffe an und ergeben sich daraus neue Erkenntnisse für bestimmte Schutzgüter, müssen diese in der abschließenden Bewertung berücksichtigt werden. Dies kann dazuführen, daß im Einzelfall das Gefahrenpotential einer Verdachtsfläche geringer eingestuft wird, als dies bei einer alleinigen Bewertung anhand von Maßnahmenwerten der Fall gewesen wäre.

41 In Anhang 2 Nr. 1.3 der BBodSchV wird als Beispiel für die vorgenannte Anwendung der Maßnahmenwerte das sogenannte „Kieselrot“[15] aufgeführt. Das Kieselrot wurde in der Vergangenheit häufig auf Spiel- und Sportplätzen eingesetzt. Trotz Überschreitung des

[15] teilweise extrem dioxinhaltige Laugenrückstände aus Kieselschiefer

Maßnahmewertes für PCDD/F erfolgt aufgrund der geringen Mobilisierbarkeit sowie Resorption im menschlichen Organismus die Anwendung des Maßnahmenwertes nicht unmittelbar zum Schutz der menschlichen Gesundheit, sondern vielmehr zum Zweck der nachhaltigen Gefahrenabwehr.

§ 4 Absatz 5
Bewertung von Schadstoffen, ohne festgesetzte Prüf- und Maßnahmenwerte

Die in Anhang 2 festgesetzten Prüf- und Maßnahmenwerte sind nicht so vollständig, daß alle evtl. anzutreffenden Schadensszenarien damit beurteilt werden können[16]. Abhängig von der Nutzung können schädliche Bodenveränderungen durch produktionsspezifische Schadstoffe eingetreten sein, die bundesweit nur für wenige oder sogar nur einen Standort relevant sein können (bspw. Antimon, Platinmetalle). Für diese speziellen Fälle sind im Anhang 2 keine Werte vorgegeben. 42

§ 4 Abs. 5 verweist für den Fall, daß in dieser Verordnung für einen Schadstoff kein Prüf- oder Ableitwert festgesetzt ist, für die Bewertung „die zur Ableitung der entsprechenden Werte in Anhang 2 herangezogenen Methoden und Maßstäbe" zu beachten sind. Diese Ableitungsvorschriften sind im Bundesanzeiger[17] veröffentlicht und dienen der Sicherstellung gleichwertiger Einzelfallentscheidungen bei Stoffen, für die in der BBodSchV keine Prüf- oder Maßnahmenwerte enthalten sind. 43

§ 4 Absatz 6
Teilflächen mit unterschiedlicher Nutzung

Die Bewertung von Verdachtsflächen hat gemäß BBodSchG nutzungsbezogen zu erfolgen. Hiermit wird der Grundsatz berücksichtigt, daß unterschiedliche Nutzungsarten einer Fläche in der Regel auch unterschiedliche Expositionsbedingungen bedeuten. Eine innerhalb einer Verdachtsfläche befindliche Teilfläche mit einer empfindlicheren Nutzung als die umgebende Fläche ist dement- 44

---

[16] vgl. hierzu auch die Kommentierung zu § 4 Abs. 1 BBodSchV

[17] Nr. 161a vom 28.08.1999 = Nr. 2312 der Sammlung

sprechend nach den für ihre Nutzung jeweils festgesetzten Maßstäben zu bewerten.

§ 4 Absatz 7
Erkenntnisse aus Grundwasseruntersuchungen und Prüfung der Verhältnismäßigkeit von Maßnahmen

45 § 4 Abs. 7 Satz 1 BBodSchV macht deutlich, daß die Beurteilung von Schadstoffeinträgen über das Sickerwasser ins Grundwasser allein auf der Grundlage der in Abs. 3 erläuterten Instrumente der Sickerwasserprognose u. U. nicht ausreichen kann bzw. mit gewissen Unsicherheiten behaftet ist. Liegen deshalb entsprechende Daten aus Grundwasseruntersuchungen vom Standort vor (bspw. Pegel im An- und Abstrom), sind diese im Einzelfall bei der Bewertung mit einzubeziehen.

46 Bei der Verhältnismäßigkeit von Untersuchungs- und Sanierungsmaßnahmen ist nach § 4 Abs. 7 zu prüfen, ob trotz erhöhter Schadstoffkonzentrationen im Sickerwasser auf Dauer auch tatsächlich erhöhte Schadstofffrachten im Grundwasser zu erwarten sind. Da im Gegensatz zu den nutzungsbezogenen Wirkungspfaden Boden-Mensch und Boden-Pflanze beim Wirkungspfad Boden-Grundwasser eine Gefahrenabwehr oder -reduzierung nicht durch Beschränkungs- sondern nur durch Sanierungsmaßnahmen erzielt werden kann, bedarf die Bewertung der Gefahrensituation und der daraus resultierenden Maßnahmen großer Erfahrung. In der Regel ist eine vollständige Gefahrenabwehr, d.h. Schadstoffkonzentrationen im Sickerwasser unter der Geringfügigkeitsschwelle, nur mit einem sehr hohen technisch-wirtschaftlichen Untersuchungs- und Sanierungsaufwand zu realisieren.

47 Trotz des Ermessensspielraums, der den Behörden bei der Festlegung von Untersuchungs- und Sanierungszielen bleibt, sollte die Ermessensausübung in ähnlich gelagerten Fällen nach vergleichbaren Kriterien erfolgen und zu vergleichbaren Resultaten führen. Die in Abs. 7 erwähnten Begriffe „geringe Schadstofffracht“ und „lokal begrenzt erhöhte Schadstoffkonzentrationen in Gewässern“ sind in der BBodSchV nicht mit Zahlenwerten besetzt, sondern können länderspezifisch festgelegt werden.

§ 4 Absatz 8
SBV und naturbedingt erhöhte Schadstoffgehalte

Abhängig vom geologischen Ausgangsgestein können in Böden regional erhöhte Gehalte an bestimmten (Schad-)Stoffen auftreten. In erster Linie handelt es sich hierbei um anorganische Schadstoffe v. a. Schwermetalle, die biologisch nicht abgebaut und durch Bodenbildungsprozesse teilweise sogar akkumuliert werden. Als Beispiele wären hier zu nennen, erhöhte Pb- und Ni-Gehalte in Böden über vulkanischen Gesteinen des Vogelsberggebietes, erhöhte Ni-Gehalte in Böden über bestimmten Rotliegend-Tonsteinen des Saarlandes usw. **48**

Ein Beispiel für einen naturbedingt erhöhten organischen Schadstoff ist der in der BBodSchV nicht, in zahlreichen Landeslisten hingegen immer noch vorhandene und sehr umstrittene Summenparameter AOX (Adsorbierbare Organische Halogenverbindungen). Mit dem ursprünglich zur Untersuchung von Sedimenten und Schlämmen eingeführten Summenparameter werden Verbindungen miterfaßt, die im Einzelnen nicht bekannt sind. Durch Bodenuntersuchungen wurde festgestellt, daß z. B. anthropogen unbelastete torfige und anmoorige Böden sehr hohe natürlich gebildete AOX-Gehalte aufweisen[18]. Bei unkritischer Anwendung des AOX-Prüfwertes verschiedener Landeslisten hätte ein Teil der betreffenden Böden saniert werden müssen. In der Zwischenzeit ist auf Länderebene bzgl. der Bewertung des AOX-Wertes bei Bodenbelastungen eine gewisse kritische Distanz eingetreten[19]. **49**

Als eine Beurteilungshilfe zur Einstufung von Schadstoffgehalten im Rahmen der Bewertung von naturbedingt erhöhten Gehalten können die von der LABO (1998) ermittelten Hintergrundwerte dienen. Die Bund/Länder-Arbeitsgemeinschaft Boden (LABO) hat 1998 auf breiter Datengrundlage sowohl länderübergreifende als auch länderspezifische Hintergrundwerte für anorganische und organische Stoffe in Böden zusammengestellt. Die Hintergrundwerte können zur Beurteilung eines Stoffgehaltes im Boden bzw. einer Boden- **50**

---

[18] Laschka, D., Schall, U. (1989): AOX als Indikator für die Belastung von Böden durch organische Stoffe?.- Korr. Abwasser 11, S. 1292 - 1297

[19] LfUG Rheinland-Pfalz (2000): Altlasten-Informationsblatt 06 – Hinweise zu den Untersuchungsparametern KW und AOX

belastung unter Berücksichtigung der entsprechenden Bezugsgrößen genutzt werden. Gemäß LABO (1998) müssen folgende Begriffe unterschieden werden:

51 **Geogener Grundgehalt**

Stoffbestand eines Bodens, der sich aus dem lithogenen, dem chalkogenen und dem durch pedogenetische Prozesse beeinflußten Anteil von Stoffen ergibt

52 **Hintergrundgehalt**

Geogener Grundgehalt plus der aus diffusen Einträgen resultierenden ubiquitären Stoffverteilung

53 **Hintergrundwert**

Repräsentativer Wert für den allgemein verbreiteten Hintergrundgehalt eines Stoffes in Böden

54 **Referenzwert**

Vom Hintergrundwert abgeleiteter Wert, der unter bestimmten Bedingungen hinsichtlich des räumlichen Bezugs und der bodenkundlichen Merkmale zum Vergleich verschiedener Konzentrationen herangezogen wird. Der Referenzwert ist nicht wirkungsbezogen abgeleitet.

55 Die BBodSchV sieht für Böden mit nachweislich naturbedingten erhöhten Schadstoffgehalten richtigerweise keine Einstufung als schädliche Bodenveränderung vor. Im zweiten Teil des ersten Satzes wird angefügt, daß bei einer Mobilisierung der natürlich bedingten erhöhten Schadstoffgehalte durch bestimmte Maßnahmen jedoch von einer schädlichen Bodenverunreinigung ausgegangen werden muß. Denkbar wäre diesbezüglich, der allerdings sehr theoretische Fall, einer Entfernung der Vegetationsdecke über einem schwermetallreichen Boden bei gleichzeitiger Einwirkung von intensiven Niederschlägen mit sehr niedrigen pH-Werten (< 4) bei einem geringen Grundwasserflurabstand.

56 In §4 Absatz 8 Satz 2 wird darauf hingewiesen, daß bei der Gefahrenbeurteilung großflächig siedlungsbedingt erhöhte Schadstoffgehalte berücksichtigt werden können. Dies ist insbesondere bei der Festlegung von Sanierungszielen von Bedeutung, da es fachlich und

wirtschaftlich keinen Sinn macht, durch eine Sanierungsmaßnahme, die sich an Hintergrundwerten ohne Regionalbezug orientiert, „eine weiße Insel in einem grauen Meer zu schaffen".

Besonders Ballungsgebiete zeigen aufgrund von Schadstoffein- 57
trägen vor allem über den Luftpfad deutlich höhere Bodenbelastungen (Schwermetalle) als Ackerflächen ländlicher Gebiete. Neben den Ballungsgebieten (Rhein-Main-, Ruhrgebiet) sind in der Regel auch Regionen mit langjährigem Erzbergbau von höheren Bodenbelastungen durch Schwermetalle betroffen (Stolberg b. Aachen, nördlicher Harzrand). Aufgrund der früher üblichen Direkteinleitung von industriellen Abwässern sind die Aueböden zahlreicher Flüsse in Deutschland durch erhöhte Schwermetallgehalte gekennzeichnet. Darüberhinaus können auch die Bereiche ehemaliger Rieselfelder, in denen Abwässer mit teilweise höheren Schwermetallgehalten versikkert wurden, großflächig erhöhte Bodenbelastungen aufweisen. Dies gilt ebenso für Flächen, auf denen vor dem Inkrafttreten der Klärschlammverordnung[20](AbfKlärV) große Mengen von Klär- oder Baggerschlämmen aufgebracht wurden[21].

---

[20] Vom 15. April 1992, BGBl. I S. 912, geändert am 6.3.1997, BGBl. I S. 446

[21] Scheffer/Schachtschabel (1998): Lehrbuch der Bodenkunde.- 14. Auflage

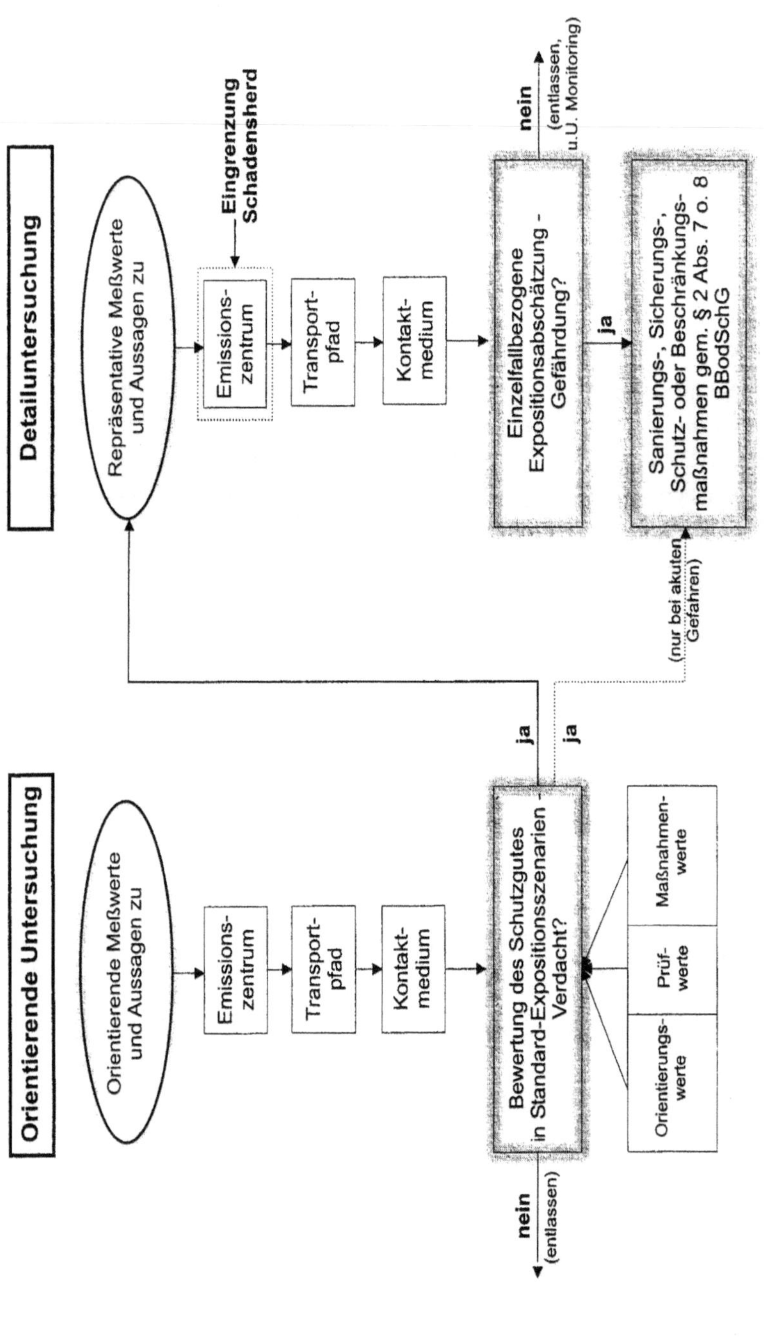

Abb. 1: Schematisches Ablaufdiagramm für die orientierende Untersuchung und die Detailuntersuchung nach der BBodSchV

Abgrenzung:
Bodenschutzrecht - Abfallrecht

1. Überblick

Sowohl im Abfall- wie im Bodenschutzrecht finden sich einige ausdrückliche Bestimmungen zur Abgrenzung dieser Rechtsbereiche voneinander. Im Bodenschutzrecht sind dies die §§ 3 Abs.1 Nrn.1 und 2 und 13 Absatz 5 BBodSchG. Im Kreislaufwirtschafts- und Abfallgesetz ist im Rahmen des Erlasses des Bundes- Bodenschutzgesetzes eine Änderung des § 36 KrW-/ AbfG[1] erfolgt. Absatz 2 Satz 2 der neuen Fassung enthält ebenfalls eine ausdrückliche Bestimmung des Verhältnisses der Rechtsgebiete zueinander.

Diese Normen lassen einige Bereiche des Abfallrechts ungenannt. In diesen Bereichen gelten, wie in der Einführung dargestellt, grundsätzlich beide Rechtsgebiete parallel. Läßt sich eine speziellere Norm feststellen, so gilt diese vorrangig.

2. Aufbringen von Stoffen auf den Boden:

a. Aufbringen von Bioabfall und Klärschlamm

Das Kreislaufwirtschafts- und Abfallgesetz und die dazu ergangenen Rechtsverordnungen[2] sowie die Klärschlammverordnung[3] sind hinsichtlich des Aufbringens von Abfällen zur Verwertung als Wirtschafts- oder Sekundärrohstoffdünger gegenüber dem Bodenschutzrecht vorrangig anzuwenden (§ 3 Abs. 1 Nr. 1 BBodSchG).

Werden also Wirtschafts- oder Sekundärrohstoffdünger im Sinne dieser Normen aufgebracht, so findet das Bodenschutzrecht grundsätzlich keine Anwendung. Anders ist es nur dort, wo die genannten Vorschriften des Abfallrechts keine Regelungen enthalten. Dies ist z.B. der Fall, wenn Boden durch übermäßiges Aufbringen von Klärschlamm schädlich verändert wurde. Insofern enthält die Klär-

---

[1] Gesetz zur Förderung der Kreislaufwirtschaft und Sicherung der umweltverträglichen Beseitigung von Abfällen (Kreislaufwirtschafts- und Abfallgesetz) vom 27. September 1994, BGBl. I S.2705.

[2] Bisher ist hier nur die Verordnung über die Verwertung von Bioabfällen auf landwirtschaftlich, forstwirtschaftlich und gärtnerisch genutzten Böden (Bioabfallverordnung - BioAbfV) vom 21. September 1998, BGBl. I S. 2955 zu nennen

[3] Klärschlammverordnung (AbfKlärV) vom 15.04.1992 in BGBl. I S. 912

schlammV keine Regelungen, so daß die Regeln des Bodenschutzrechts als „Lückenfüller" zum Tragen kommen.

Die genannten Rechtsverordnungen sind auch über § 12 Abs. 1 BBodSchV mit dem Bodenschutzrecht verknüpft. Dort ist festgelegt, daß die stofflichen Anforderungen auf Klärschlamm bzw. Kompost anzuwenden sind, der mit Bodenmaterial gemischt zur Herstellung einer durchwurzelbaren Bodenschicht (Legaldefinition in § 2 Nr. 11 BBodSchV) verwendet wird. Die Klärschlammverordnung kann darüber hinaus herangezogen werden, um das Merkmal der schadlosen Verwertung in § 5 Abs. 3 KrW-/AbfG zu konkretisieren[4]. Damit bildet die Klärschlammverordnung einen Maßstab, wenn z.B. Abfall in den nicht durchwurzelbaren Bereich eingebracht werden soll.

Der vorsorgende Bodenschutz ist ein gemeinsames Ziel von Bioabfall- und die Klärschlammverordnung und Bodenschutzrecht. Daher enthalten die beiden Rechtsverordnungen des Abfallrechts ebenso wie die Bodenschutzverordnung Aussagen zu annehmbaren Höchstwerten und zulässigen jährlichen Frachten für den Boden. Diese Werte wurden im Rahmen der gemeinsamen Arbeitsgruppe von LABO, LAGA, LAWA und LAI überarbeitet. In dem Bericht „Harmonisierung bodenbezogener Werteregelungen" besteht ein detaillierter Vorschlag, demzufolge die Werteregelungen der Bodenschutzverordnung für Schwermetalle, PAK und Benzo(a)pyren in die Klärschlammverordnung übernommen werden sollen. Bei der Bioabfallverordnung sieht die Arbeitsgemeinschaft dagegen keinen Harmonisierungsbedarf.

[4] Bericht der gemeinsamen Arbeitsgruppe von LABO, LAGA, LAWA, LAI: Harmonisierung bodenbezogener Werteregelungen, S. 14ff. Vgl. zur Harmonisierungsdiskussion auch das Protokoll zur Sitzung des StäA Bodenbelastungen vom 02./03.08.2000 in Kiel (insbes. TOP 4.2, 7.1, 7.3.2)

b. Aufbringen/Einbringen in den durchwurzelbaren Bereich[5]

§ 12 BBodSchV beschreibt die Anforderungen des Bodenschutzrechts an das Auf- und Einbringen von Materialien. Die Rechtsverordnung kann nach den vorangegangenen Aussagen zu § 3 Abs. 1 Nr. 1 BBodSchG allerdings nur zur Anwendung kommen, wenn nicht Klärschlamm oder Kompost als Sekundärrohstoffdünger in landwirtschaftlich oder gärtnerisch genutzte Flächen eingebracht werden sollen.

Das Ziel des § 12 BBodSchV ergibt sich aus der Ermächtigungsgrundlage (§ 6 BBodSchG) sowie aus § 1 Satz 3 BBodSchG: Beim Auf- bzw. Einbringen von Materialien sollen Beeinträchtigungen der natürlichen Bodenfunktionen sowie der Archivfunktion soweit wie möglich vermieden werden. Als Konsequenz dieses Ziels dürfen in den durchwurzelbaren Bereich nur Materialien eingebracht werden, die die Anforderungen des Absatz 2 erfüllen. Zur Herstellung einer durchwurzelbaren Schicht dürfen nur die in Absatz 1 genannten Materialien verwendet werden, wenn sie auch die in Absatz 2 beschriebenen Anforderungen erfüllen. Die Mächtigkeit der durchwurzelbaren Schicht wird durch die Grenzen des Wurzelwachstums der standorttypischen bzw. angestrebten Vegetation bestimmt. Seitliche Begrenzungen bilden Uferlinien, Bauwerke, Halden und Deponien.

Der nicht durchwurzelbare Bereich ist nicht durch § 12 BBodSchV geregelt. Bei der Beurteilung, ob das Einbringen von Abfällen in den nicht durchwurzelbaren Bereich zulässig ist, kann § 10 Abs. 1 KrW-/AbfG herangezogen werden: Die auf diesem Weg erfolgende Abfallbeseitigung muß gemeinwohlverträglich sein, d.h. auch Boden- oder Grundwasserbeeinträchtigungen müssen vermieden werden.

Ein Ansatz zur Konkretisierung dieser Forderungen sind die Technischen Regeln der LAGA für die stoffliche Verwertung von mineralischen Reststoffen/Abfällen. Auch für sie hat die Arbeitsgruppe detaillierte Harmonisierungsvorschläge erarbeitet.[6]

---

[5] BMU vom 31.05.00: Bodenschutzrecht und Abfallrecht

[6] Bericht der Arbeitsgruppe, S. 35ff.

c. Wiedereinbringen von Bodenmaterial nach § 13 Abs. 5 BBodSchG

Im Rahmen von Sanierungen ausgehobenes oder abgeschobenes Bodenmaterial wird juristisch zu einer „beweglichen Sache". Will oder muß sich der Besitzer von diesem Bodenmaterial trennen, so wird dieses Material Abfall im Sinne des Kreislaufwirtschafts- und Abfallrechts. Einen Teilbereich des Umgangs mit Bodenmaterial als Abfall regelt § 13 Absatz 5 BBodSchG: Nach dieser Norm kann Bodenmaterial wieder in den Boden des Sanierungsgrundstückes eingebracht werden, wenn bestimmte Voraussetzungen erfüllt sind.

Zu beachten ist, daß § 13 Absatz 5 BBodSchG lediglich die Geltung des § 27 Absatz 1 Satz 1 KrW-/ AbfG ausschließt, d.h. den Zwang, das entnommene Bodenmaterial in einer abfallrechtlich zugelassenen Abfallbeseitigungsanlage zu entsorgen. Nicht ausgeschlossen werden die anderen Regelungen des Abfallrechtes, etwa die Pflicht, Abfälle gemeinwohlverträglich zu beseitigen, § 11 Absatz 1 i.V.m. § 10 KrW-/ AbfG. Diese Pflicht zur Wahrung des Allgemeinwohls wird in § 13 Absatz 5 BBodSchG ebenfalls, insofern deklaratorisch, genannt. Den nur teilweisen Ausschluß der abfallrechtlichen Regelungen bestätigen Aussagen im Gesetzgebungsverfahren, daß mit § 13 Absatz 5 BBodSchG lediglich eine Verfahrenserleichterung gewährt werde.[7]

Bei Bodenmaterial, das aufgrund seiner starken Belastung als besonders überwachungsbedürftiger Abfall[8] einzustufen ist, sind durch den nur teilweisen Ausschluß z.B. die Nachweispflichten der §§ 42f, 43f KrW-/AbfG zu beachten. Allerdings wird solches Bodenmate-

---

[7] Vgl. BT- Drs. 13/7891, S.48f, und 13/8182, S.6.

[8] § 1 Absatz 1 Nr.2 der Verordnung zur Bestimmung von besonders überwachungsbedürftigen Abfällen (Bestimmungsverordnung besonders überwachungsbedürftige Abfälle - BestbüAbfV) vom 10. September 1996 in BGBl. I S. 1366 i.V.m. Abfallschlüssel 17 05 99 D1 "Bodenaushub, Baggergut sowie Abfälle aus Bodenbehandlungsanlagen mit schädlichen Verunreinigungen" der Anlage 2. Dieser Abfallschlüssel ist für den Bereich des Bodenmaterials in Niedersachsen durch Erlaß des Umweltministeriums vom 06.12.1996 - 308-63810/100/4 konkretisiert worden. Dieser bestimmt, daß schädliche Verunreinigungen anzunehmen sind, wenn entweder im Eluat die Zuordnungswerte 4.04 - 4.12 der TA Siedlungsabfall, DK I ("Z 3") oder in der Originalsubstanz für dort genannte Werte die "Z 2- Werte" der Technischen Regeln für die Verwertung von Böden überschritten werden. Für die dort nicht genannten Parameter gelten nach der inneren Logik des Erlasses ebenfalls die "Z 2- Werte".

rial – soweit es nach § 13 Abs. 5 BBodSchG nach der Sanierung wieder eingebracht werden soll - durch die neue Niedersächsische Andienungsverordnung[9] von der Andienungspflicht ausgenommen. Ebenso wird Bodenmaterial aus Bodenplanungsgebieten, soweit dieses nicht aus einer Altlast stammt, nur für das Gebiet typische Schadstoffbelastungen ausweist und im Gebiet selbst oder in einem anderen, vergleichbaren Bodenplanungsgebiet eingebracht werden soll nicht der Andienungspflicht unterworfen (§ 3 Abs. 2 Nr. 2 AndienungsV).

Wenn also grundsätzlich die materiellen Anforderungen des Abfallrechts einzuhalten sind, so bleibt fraglich, ob in den Fällen des § 13 Absatz 5 BBodSchG auch die Anforderungen der TA Abfall[10] gelten. Wäre dies zu bejahen, so wäre der Wiedereinbau nach § 13 Absatz 5 BBodSchG an so hohe Anforderungen geknüpft, daß die Erleichterungen dieser Bestimmung nur bei überaus seltenen Einzelfällen zur Anwendung kommen könnten.

Die TA Abfall enthält Anforderungen an die Beseitigung von besonders überwachungsbedürftigen Abfällen nach § 3 Absatz 8 Satz 1 KrW-/ AbfG. Boden ist unter Umständen als solcher einzustufen, so daß die TA Abfall grundsätzlich anzuwenden wäre. Sie nimmt dabei jedoch im Geltungsbereich des § 13 Absatz 5 BBodSchG eine Sonderstellung ein, weil sie augenscheinlich nur auf die Entsorgung in zugelassenen Deponien zugeschnitten ist, nicht jedoch auf das Wiedereinbringen von Bodenmaterial im Rahmen einer Sanierung, d.h. einer Verbesserung der Gesamtsituation.

Die TA Abfall enthält Vorschriften über die Zulassung von Abfallentsorgungsanlagen, die nur teilweise technischer Art sind und damit unmittelbar der Wahrung des Wohls der Allgemeinheit dienen. Bei einer Gesamtschau der Regelungen der TA Abfall zeigt sich, daß diese auf Anlagen zugeschnitten ist, die einen erheblichen Umfang haben, über einige Zeit betrieben werden sollen und daher ein erheblich höheres Gefährdungspotential aufweisen als das einmalige Wiedereinbringen von Bodenmaterial auf einem Sanierungsgrundstück nach § 13 Abs. 5 BBodSchG. Zudem dient der Wiedereinbau insgesamt der

---

9 Verordnung zur Änderung der Verordnung über die Andienung von Sonderabfällen und weiterer abfallrechtlicher Vorschriften, Entwurf vom 18.07.2000, § 3 Abs. 2 Nr. 1

10 Zweite allgemeine Verwaltungsvorschrift zum Abfallgesetz, Technische Anleitung Abfall vom 12. März 1991, GMBl. S.139, ber. S.469.

Verbesserung der Gesamtsituation im Rahmen der Sanierung. Der Sinn und Zweck des § 13 Absatz 5 BBodSchG, solchen Wiedereinbau ohne erhebliche Erschwernisse zu ermöglichen, wenn das Allgemeinwohl gewahrt bleibt, ergibt, daß die TA Abfall in ihrer Gesamtheit nicht anzuwenden ist. Sie dient in ihrem Anwendungsbereich der Konkretisierung des Begriffs des Wohls der Allgemeinheit.[11] Da sie auf andere Sachverhalte zugeschnitten ist, sind die umfassenden und strengen Regelungen gerechtfertigt. Im Anwendungsbereich des § 13 Absatz 5 BBodSchG wird dagegen vorausgesetzt, daß „durch einen für verbindlich erklärten Sanierungsplan oder eine Anordnung zur Durchsetzung der Pflichten nach § 4 sichergestellt wird, daß das Wohl der Allgemeinheit nicht beeinträchtigt wird". Die Konkretisierung soll also im Einzelfall durch den Sanierungsplan oder eine Anordnung nach § 4 BBodSchG erfolgen, nicht jedoch durch die Bestimmungen der TA Abfall. Die TA Abfall ist daher auch hinsichtlich ihrer technischen Anforderungen im Geltungsbereich des § 13 Absatz 5 BBodSchG unanwendbar.

Schließlich ist bei einer Wiederverwertung des Materials im durchwurzelten Bereich insbesondere § 12 BBodSchV zu beachten. Dabei können, je nachdem, welche Verwertungsart angestrebt wird, auch noch weitere Rechtsbereiche zur Anwendung kommen. Wird das Material etwa zur Herstellung eines Bauwerkes genutzt, ist auch das Baurecht anzuwenden. Soweit dabei das Baurecht auch Aspekte des Bodenschutzes regelt, schließt es die Anwendung des Bodenschutzrechtes aus.[12]

---

11 Siehe Nr.1 Satz 1 TA Abfall.

12 Vgl. dazu die Ausführungen zum Verhältnis von Bodenschutz- und Baurecht unter 3.4.

3. Abfallbeseitigungsanlagen und Deponien

Gemäß § 3 Abs. 1 Nr. 2 BBodSchG sind die Vorschriften des Kreislaufwirtschafts- und Abfallgesetzes über die Zulassung und den Betrieb von Abfallbeseitigungsanlagen sowie über die Stillegung von Deponien vorrangig vor dem Bodenschutzgesetz. Hier geht es nicht um den Einzelfall eines Ein- oder Aufbringens von Material in bzw. auf den Boden, sondern um zentrale Beseitigungsanlagen, die in einer Vielzahl von Beseitigungsvorgängen in der Regel eine Vielzahl von Stoffen aufnehmen sollen. Die Genehmigung dieser Anlagen sowie ihr das Wohl der Allgemeinheit wahrender Betrieb sind im Kreislaufwirtschafts- und Abfallrecht und über einen Verweis im Immissionsschutzrecht geregelt. Dies gilt sowohl für Deponien wie für sonstige Abfallbeseitigungsanlagen.

Die Beurteilung der Genehmigungsfähigkeit von Abfallbeseitigungsanlagen richtet sich daher wie bisher nach Abfall- und Immissionsschutzrecht. Soweit dort keine Anforderungen an den Schutz des Bodens enthalten sind, hat das Bodenschutzrecht, wie in der Einführung dargestellt, maßstabsbildende Funktion.

Hinsichtlich der Stillegung solcher Anlagen finden sich in diesen Rechtsgebieten nur bezüglich der Deponien umfassende Vorschriften. Daher ist das Abfallrecht nur im Bereich der Stillegung von Deponien vorrangig. Für den nach der Stillegung erfolgenden Übergang zum Bodenschutzrecht muß der Zeitpunkt der Stillegung herangezogen werden.

Im KrW-/ AbfG des Bundes wird die Stillegung als dauerhafte Beendigung des Betriebes, d.h. der Ablagerung von Abfällen, angesehen.[13] Das Kreislaufwirtschafts- und Abfallrecht enthält unter der Überschrift Stillegung in § 36 jedoch auch Regelungen über die Nachsorge und Rekultivierung. Die Stillegung selbst regelt 36 Abs. 1 KrW-/ AbfG, indem er eine Anzeigepflicht vorschreibt.

Zu beachten ist im Zusammenhang mit dem Bodenschutzrecht die Neufassung des § 36 Abs. 2 KrW-/ AbfG. Der im Rahmen des Erlasses des Bundes-Bodenschutzgesetzes neu angefügte Satz 2 regelt ausdrücklich, daß die dort genannten Regelungen des Bodenschutzrechtes in der Nachsorgephase Anwendung finden, wenn sich der Verdacht einer schädlichen Bodenveränderung oder einer sonstigen

---

[13] Brandt/ Ruchay/ Weidemann, KrW / AbfG, § 36 Rn.31

Gefahr ergeben hat. Systematisch kann daraus nur geschlossen werden, daß der Vorrang des Abfallrechtes sich grundsätzlich auch auf die Nachsorge- und Rekultivierungsregelungen des § 36 Absatz 2 KrW-/ AbfG beziehen muß. Lediglich beim Verdacht schädlicher Bodenveränderungen oder sonstiger Gefahren kommt das Bodenschutzrecht zur Anwendung, soweit Erfassung, Untersuchung, Sanierung und Bewertung geregelt werden sollen. Aus der Anwendung des Bodenschutzrechts für die Sanierung folgt m.E. auch, daß sich der Pflichtige sowie die Anordnung der Sanierung nach den bodenschutzrechtlichen Regelungen bestimmen. Zuständig ist weiterhin die Abfallbehörde (§ 10 Abs. 1 Satz 5 NBodSchG).

Erst wenn durch eine abschließende Gefährdungsabschätzung feststeht, daß eine gemeinwohlverträgliche Ablagerung auf Dauer gesichert ist, kann die Abfallbehörde die Entlassung aus der Nachsorge feststellen. Damit geht auch die Zuständigkeit von den Abfall- auf die Bodenschutzbehörden über.[14]

Die Bodenschutzbehörden sind darüber hinaus für alle Deponien zuständig, die vor dem 11.06.1972 (Inkrafttreten des Abfallgesetzes) stillgelegt worden sind, oder bei denen der Zeitpunkt der Stillegung fraglich ist.

Durch diese Verteilung der Zuständigkeiten konnte § 40 Abs. 1 Satz 2 KrW-/AbfG gestrichen werden: Bis zum Ende der Nachsorgephase obliegt den Abfallbehörden die Überwachung, danach und ebenso bei Ablagerungen vor 1972 den Bodenschutzbehörden.

[14] BMU vom 31.05.00: Bundes-Bodenschutzgesetz und Abfallrecht

Abgrenzung: Bodenschutzrecht - Baurecht

1. Überblick

Durch den Erlaß des BBodSchV und durch die Novelle des Bau- und Raumordnungsrechts von 1998 (BauROG 1998) sind die Möglichkeiten, die Belange des Bodens und damit auch die Abwehr von Gefahren durch Altlasten innerhalb des Baurechts zu berücksichtigen erweitert worden. Grundlegend dafür ist die durch § 3 Abs. 1 Nr. 9 BBodSchG getroffene Subsidiaritätsregelung, die den Anwendungsbereich des BBodSchG auf die Bereiche beschränkt, in denen das Bauplanungs- und Bauordnungsrecht keine oder zumindest keine abschließenden Regelungen über Einwirkungen auf den Boden trifft. So behalten insbesondere die Maßstäbe des BBodSchG für den Umgang mit schädlichen Bodenveränderungen und Altlasten im Baurecht ihre Bedeutung.

2. Bauleitplanung

a. Bodenschutz

Nach § 4 Abs. 4 BBodSchG ist bei der Erfüllung der boden- und altlastenbezogenen Gefahrenabwehrpflichten das Schutzbedürfnis zu beachten, das sich aus der jeweils planungsrechtlich zulässigen Nutzung und damit auch aus den Festsetzungen der Bauleitpläne ergibt.

Im Bereich des Bauplanungsrechts selbst ist der Bodenschutz durch die Bodenschutzklausel der §§ 1 Abs. 5 Satz 2 Nr. 7 i.V.m. 1a Abs. 1 BauGB Teil der Abwägung. In dieser ist er als sogenanntes Optimierungsgebot[1] zu berücksichtigen, ihm muß damit unabhängig vom konkreten Einzelfall ein besonderes Gewicht beigemessen werden. Der Bodenschutz wird darüber hinaus durch die Umwidmungssperre des § 1 Abs. 5 Satz 3 BauGB unterstützt, und dem Boden muß als Schutzgut des BNatSchG beim Ausgleich von Eingriffen berücksichtigt werden (§ 1a Abs. 2 und 3 BauGB). Daneben entfalten § 1 Abs. 5 Satz 1 und Abs. 6 BauGB Auffangwirkungen, falls nicht alle Belange

[1] BVerwGE 90, 329

des Bodens unter die zuvor genannten Normen subsumiert werden konnten.

Allerdings dienen die Regelungen des BauGB immer der städtebaulichen Entwicklung und Ordnung. Bodenschutz, der darüber hinaus geht, kann nicht mit den Regelungen des BauGB verwirklicht werden.

Diese Planungsleitsätze sind durch eine angemessene Wahl von Darstellungs- und Festsetzungsmöglichkeiten in den Bauleitplänen zu verwirklichen. Hierbei bestehen nur indirekte Möglichkeiten, dem Boden eine besonders schonende Behandlung zukommen zu lassen. Nach § 5 Abs. 2 Nr. 10 und § 9 Abs. 1 Nr. 20 BauGB können z.B. Flächen oder Maßnahmen zum Schutz, zur Pflege und zur Entwicklung von Boden, Natur und Landschaft dargestellt bzw. festgesetzt werden. So können zwar auch Freiflächen, die städtebaulich von großer Bedeutung sind, erhalten werden, überwiegend werden mit diesen Vorschriften jedoch Landschaftspläne in die Bauleitpläne integriert oder Ausgleichsflächen festgesetzt. Positive Auswirkungen auf den Boden können darüber hinaus auch Festsetzungen der Bebauungspläne nach § 9 Abs. 1 Nrn. 1, 2, 3 ,10, 14 und 23 BauGB haben, wenn diese Instrumente im Sinn des Bodenschutzes genutzt werden. Entschädigungspflichten wegen fremdnütziger Festsetzungen können dabei durch § 9 Abs. 1 Nrn. 14 und 20 BauGB entstehen. Schließlich bietet die Begründung des Bebauungsplans nach § 9 Abs. 8 BauGB auch Platz für die Darstellung des gemeindlichen Bodenschutzkonzepts.

Zur Unterstützung bodenschützender Festsetzungen können nach § 11 Abs. 1 Satz 1 Nr. 2 BauGB mit den Eigentümern städtebauliche Verträge über die Gestaltung von Freiflächen geschlossen werden.

b. Altlasten

Der Begriff Altlasten ist mit Gefahren, erheblichen Nachteilen oder erheblichen Belästigungen verbunden. Diese gilt es zur Erfüllung der allgemeinen Anforderungen an gesunde Wohn- und Arbeitsverhältnisse zu meiden und zu beseitigen (§§ 1 Abs. 5 Satz 2 Nr. 1, 34 Abs. 1 Satz 2, 43 Abs. 4 Nr. 1, 136 Abs. 2 Satz 2 Nr. 1 BauGB).

Dabei stellt sich zunächst die Frage, ob die Wertevorgaben der BBodSchV für die Bauleitplanung übernommen werden können. Zur

Beantwortung ist die Ableitung der Werte zu beachten: Die der BBodSchV dienen der Feststellung von Gefahren für die menschliche Gesundheit (Prüf- und Maßnahmenwerte) bzw. der allgemeinen Vorsorge vor schädlichen Bodenveränderungen (Vorsorgewerte). Bei letzteren werden u.a. ökotoxikologische Wirkungsschwellen und Anhaltspunkte für Auswirkungen auf Nahrungs- und Futterpflanzen berücksichtigt, eine nutzungsbezogene Differenzierung dieser Werte erfolgt aber nicht.[2] Mit der Bauleitplanung muß dagegen eine auf die zukünftige Nutzung ausgerichtete Bewertung der Bodenbelastungen erfolgen. Dabei muß gewährleistet werden, daß die Nutzer nicht nur keinen Gefahren, sondern auch keinen unzumutbaren Nachteilen oder Belästigungen ausgesetzt werden.[3] Hier ist damit eine nutzungsbezogene Bewertung der Bodenbelastungen gefragt, die sich nicht nur an der Vermeidung von Gefahren, sondern an der Umgehung sämtlicher Störungen orientiert. Der dazu heranzuziehende Wert sollte sich im Bereich zwischen den Vorsorge- und den Prüfwerten befinden. Anstelle von konkreten Werten für die Bauleitplanung sollte ein Abschlag von 30 bis 50% von den Prüfwerten bei der Beurteilung in der Bauleitplanung angenommen werden, um eine flexible Abwägung mit den anderen Belangen zu ermöglichen. In diesem Bereich sollte auch das Sanierungsziel liegen, wenn eine Fläche im Zuge des Brachflächenrecyclings sanierungsabhängig überplant wird.

Die Nutzungskategorien des Anhang 2, 1.1 BBodSchV sind sinngemäß auf die für verschiedene Nutzungen dargestellte oder festgesetzte Flächen anzuwenden. Werden z.B. nach § 9 Abs. 1 Nr. 15 BauGB Sportplätze festgesetzt, sind die Werte des Direktpfades für Park- und Freizeitanlagen anzuwenden, bei Spielplätzen die für Kinderspielflächen und bei Dauerkleingärten die des Pfades Boden – Nutzpflanze für Nutzgärten.

Nach den §§ 5 Abs. 3 Nr. 3 und 9 Abs. 5 Nr. 3 BauGB müssen Flächen, deren Böden erheblich mit umweltgefährdenden Stoffen belastet sind in den Bauleitplänen gekennzeichnet werden. Als umweltgefährdend werden dabei Stoffe angesehen, die der Schadstoffdefini-

---

2 Institut für Umwelt-Analyse (IfUA): Ableitung von Bodenwerten für die Bauleitplanung. Bielefeld 1999, S. 2f.

3 Ständiger Ausschuß Bodenbelastungen der LABO, Protokoll zur 28. Sitzung am 02./03. August 2000 in Kiel, TOP 5.5, S. 21

tion des § 2 Abs. 6 BBodSchV unterfallen. Weil sich die Kennzeichnungspflicht nur auf erheblich kontaminierte Böden bezieht, kann hier auf die am Gefahrenverdacht ausgerichteten Prüfwerte der BBodSchV zurückgegriffen werden. Auch hierbei ist die der geplanten Nutzung entsprechenden Wertekategorie der BBodSchV heranzuziehen. Nach § 6 NBodSchG führt die Bodenschutzbehörde ein Verzeichnis der altlastenverdächtigen Flächen und der Altlasten, das eine Informationsquelle für die Kennzeichnung sein kann.

Bei der Ermittlung der Abwägungsbelange müssen die Kommunen Untersuchungen zur Belastung des Bodens durchführen, wenn ihnen Anhaltspunkte vorliegen. Zu einer Untersuchung in jedem Fall, also „ins Blaue hinein"[4] sind sie nicht verpflichtet.[5] Allerdings ist aufgrund der unterschiedlichen Bezugspunkte von Bauleitplanung und Bodenschutz (Vorsorge/Gefahrenabwehr) der Begriff der Anhaltspunkte hier weiter auszulegen als im Bodenschutzrecht, d.h. die Kommune muß auch schwächeren Anzeichen als den in § 3 Abs. 1 und 2 BBodSchV aufgeführten nachgehen. Stellt sie Anhaltspunkte i.S.d. BBodSchV fest, hat auch die Bodenschutzbehörde Ermittlungen aufzunehmen, da ihr in § 9 Abs. 1 Satz 1 BBodSchG nur ein intendiertes Ermessen eingeräumt worden ist. Die Ermittlung kann jedoch nicht insgesamt auf die Bodenschutzbehörden verlagert werden, da - wie beschrieben - die Bezugspunkte des Bodenschutzrechts für die Zwecke der Bauleitplanung ungeeignet sind. Werden bei den Erstermittlungen der Kommunen keine Anhaltspunkte i.S.d. § 3 BBodSchV festgestellt, muß sie selbst weiter untersuchen, ob ihre Vorsorgeansprüche auf der Fläche gewahrt bleiben.

Altlasten können vor dem Hintergrund des Gebots der planerischen Zurückhaltung und unter Wahrung des Gebots der planerischen Konfliktbewältigung sanierungsabhängig überplant werden, soweit sie grundsätzlich sanierungsfähig sind. Die Möglichkeit, einen städtebaulichen Vertrag zur Bodensanierung abzuschließen (§ 11 Abs. 1 Satz 2 Nr. 1 BauGB) ist ein Instrument zur Umsetzung solcher Vorhaben. Die Wiedernutzung brachgefallener Flächen kann nach § 165 Abs. 3 Nr. 3 BauGB auch im Rahmen einer städtebaulichen Ent-

4 Koch/Schütte, DVBl 1997, 1415, 1416

5 Diese Ansicht hat der BGH in verschiedenen Entscheidungen entwickelt: BGHZ 106, 323; BGHZ 113, 367; NVwZ 1994, 91

wicklungsmaßnahme veranlaßt werden, wenn sie sich als erforderlich erweist.

c. Baugenehmigung

Nach § 75 NBauO besteht ein Anspruch auf Erteilung einer Baugenehmigung, wenn das genehmigungsbedürftige Vorhaben dem öffentlichen Baurecht entspricht. Damit müssen die Vorgaben der NBauO mit den integrierten Vorgben des Bodenschutzes (in der NBauO über Boden als natürliche Lebensgrundlage nach § 1 Abs. 1 Satz 2) eingehalten werden. Darüber hinaus müssen die Eignung des Grundstücks für die Bebauung (§ 19 Satz 2 NBauO) sowie die Einhaltung der in örtlichen Bauvorschriften getroffenen bodenrelevanten Regelungen (§ 56 NBauO) gewährleistet sein. Nach § 1 Abs. 5 BauVorlV kann die Bauaufsichtsbehörde als Vorlagen zum Bauantrag z.B. auch Bodengutachten verlangen.

Im Rahmen der bauordnungsrechtlichen Zulässigkeitsprüfung ist bei Anlagen nach § 29 BauGB aber auch die Vereinbarkeit mit den Aussagen des BauGB zur Zulässigkeit von Vorhaben zu prüfen. Der Bodenschutz findet in diese Zulässigkeitsprüfung Eingang, wenn ein Vorhaben im Geltungsbereich eines Bebauungsplanes liegt, der bodenschützende Festsetzungen trifft, oder indem die planersetzenden Vorschriften der §§ 33 bis 35 BauGB bei Vorhaben außerhalb von Bebauungsplänen die Berücksichtigung des Bodenschutzes ermöglichen. So ist nach § 35 Abs. 3 Nr. 5 BauGB die Beeinträchtigung der Belange des Bodenschutzes ein Grund für die Unzulässigkeit nichtprivilegierter Vorhaben im Außenbereich, das nicht einfügen im Hinblick auf den Boden ein Unzulässigkeitsgrund im Innenbereich (§ 34 Abs. 1 Satz 1 BauGB). Auch der Schutz des Mutterbodens nach § 202 BauGB muß bei der Bauausführung gewährleistet werden.

Unabhängig von der Baugenehmigung können die Regelungen des BBodSchG, die die Gefahrenabwehr betreffen und damit zum Ordnungsrecht zu zählen sind, angewendet werden, § 29 Abs. 2 BauGB.[6] Das BBodSchG enthält zwar selbst keine Genehmigungstatbestände, die eine eigene Beurteilung der Zulässigkeit von Baumaßnahmen aus Bodenschutzsicht ermöglichen würden. Es BBodSchG

[6] BVerwGE 55, 272

trifft jedoch ordnungsrechtliche Regelungen und enthält Anordnungsbefugnisse zu schädlichen Bodenveränderungen und Altlasten, die nicht vom Baurecht verdrängt werden und auch nicht verdrängt werden sollten. So wird von einem Bauherren, der die Überbauung einer Altlast anstrebt nur verlangt, daß sein im Einklang mit dem öffentlichen Baurecht steht. Er kann nicht davon ausgehen, daß die Baugenehmigung die Sanierungsanordnung ersetzt. Die Legalisierungswirkung der Baugenehmigung erstreckt sich nur auf die im Baugenehmigungsverfahren geprüften Vorschriften.

Die Konzentrationswirkung des § 13 Abs. 6 BBodSchG schließt Baugenehmigungen mit ein, wenn sie der Sanierungsverantwortliche im Sanierungsplan ausdrücklich mit aufführt, und die Kommune oder die Bauaufsichtsbehörde ihr Einvernehmen erklärt.

Nicht genehmigungsbedürftige Baumaßnahmen nach §§ 69 und 69a NBauO sind ebenso wie genehmigungsbedürftige im Einklang mit dem öffentlichen Baurecht durchzuführen, daher ist auch bei ihnen die Beachtung der in das Baurecht integrierten Bodenschutzbelange erforderlich. Soweit das Bodenschutzrecht Regelungslücken des Baurechts füllen kann, ist es parallel zum Baurecht anzuwenden.

d. Entsiegelung

§ 179 BauGB, § 54 NBauO und § 5 BBodSchG enthalten verschiedene Regelungen zur Entfernung überflüssiger baulicher Anlagen und Versiegelungen. Der Erlaß einer Entsiegelungsverordnung nach § 5 Abs. 1 BBodSchG ist derzeit nicht absehbar, so daß Anordnungen im Einzelfall nach § 5 Abs. 2 BBodSchG getroffen werden können. Damit bedarf das Verhältnis der verschiedenen Entsiegelungsvorschriften zueinander einer Klärung.

Nach den §§ 3 Abs. 1 Nr. 9 und 5 Satz 1 BBodSchG sind die Vorschriften des Bauplanungs- und Bauordnungsrechts denen des Bodenschutzrechts vorrangig, so daß § 179 BauGB und § 54 NBauO die Anwendung des § 5 BBodSchG beschränken. Die höchstrangige Norm ist § 179 BauGB. Sie ist auf bauliche Anlagen nach Bundesrecht anzuwenden, die im Geltungsbereich eines Bebauungsplans liegen und dessen Festsetzungen widersprechen, und Mißstände oder Mängel i.S.d. § 177 Abs. 2 und 3 BauGB aufweisen. Damit scheiden bauliche Anlagen nach Bundesrecht im Geltungsbereich von Bebauungsplänen aus dem Anwendungsbereich der anderen beiden Regelungen (§ 54 NBauO, § 5 BBodSchG) aus. Durch die Subsidiaritätsregelung des § 3 Abs. 1 Nr. 10 BBodSchG kann auch § 54 NBauO das Entsiegelungsgebot des Bodenschutzrechts verdrängen. Es ist auf bauliche Anlagen nach Landesrecht anzuwenden, die im Verfall begriffen sind. Damit bleibt für Anordnungen im Einzelfall nach dem Entsiegelungsgebot des BBodSchG (§ 5 Satz 2 BBodSchG) ein sehr eingeschränkter Anwendungsbereich auf Versiegelungen, die entweder keine baulichen Anlagen nach Landesrecht oder noch nicht im Verfall begriffen sind. Soweit es sich nicht um bauliche Anlagen nach Bundesrecht handelt, spielt der Bebauungsplan keine Rolle. § 5 BBodSchG schränkt die Anwendung des bodenschutzrechtlichen Entsiegelungsgebotes noch weiter ein, und zwar auf Gebiete, für die außenverbindliche und parzellenscharfe planerische Festsetzungen getroffen wurden. Hier sind Natur- und Wasserschutzgebiete und Planfeststellungen zu Vorhaben des Straßenbaus zu nennen, m.E. ebenso Bebauungspläne im Hinblick auf die Regelungslücke beim Begriff „bauliche Anlagen".

Die Folgen der verschiedenen Gebote sind recht unterschiedlich: Während nach § 179 BauGB der Eigentümer die Maßnahme nur dulden muß, daß Ziel aber die Erhaltung oder Wiederherstellung der Leistungsfähigkeit des Bodens ist, müssen die nach § 61 NBauO Verantwortlichen einen Abbruch nach § 54 NBauO selbst durchführen, im Anschluß aber nur die nicht überbauten und nicht anders genutzten Flächen als Grünflächen herrichten. Der Bodenschutz ist hier höchstens ein Nebeneffekt. Das Entsiegelungsgebot aus § 5 BBodSchG verpflichtet schließlich den Eigentümer zur Erhaltung oder Wiederherstellung des Bodens i.S.d. § 1 BBodSchG, soweit möglich und zumutbar. Für den Rückbau nach § 179 BauGB sind die Gemeinden zuständig, für Abbruch und Beseitigung nach § 54 NBauO die Bauaufsichtsbehörden und für Entsiegelungen nach § 5 BBodSchG die unteren Bodenschutzbehörden.

e. Sonstige Regelungen

Eine weitere für den Bodenschutz im Baurecht relevante Regelung ist der in § 202 BauGB verankerte Schutz des Mutterbodens während der Bauausführung. Dieser Schutz bezieht sich allerdings nur auf ausgehobenes Bodenmaterial.

Die in § 14 NBauO enthaltenen Regelungen zu der nicht überbauten Fläche können bodenschützende Nebenwirkungen entfalten, da durch sie ihre Gestaltung als Grünfläche und die Erhaltung der Regenwasserversickerung gewährleistet werden kann. Die Gemeinde kann zwar mit dem Erlaß von örtlichen Bauvorschriften über diese Grundsätze hinausgehen, oft aber werden die in den Grundsätzen enthaltenen Ausnahmen aber selbst eher zu einer Einengung des Anwendungsbereiches führen.
Schließlich müssen Gefahren, die von Bauteilen und Anlagen ausgehen vermieden werden (§§ 21 Abs. 2, 40 Abs. 1 und 3, 48 Abs. 1 und 2 NBauO), so daß auch schädliche Bodenveränderungen zu vermeiden sind.

3. Zuständigkeiten

Die Zuständigkeit richtet sich auch hier nach der anzuwendenden Norm. So sind für den in die Bauleitpläne integrierten Bodenschutz und die Erfüllung der Vorsorgeanforderungen des Baurechts im Hinblick auf gesunde Wohn- und Arbeitsverhältnisse die Kommunen zuständig und für die Beachtung des in das Baurecht und in die Bauleitpläne integrierten Bodenschutzes bei der Baugenehmigung die Bauaufsichtsbehörden. Die Bodenschutzbehörden werden nur aktiv, wenn sie am baurechtlichen Verfahren beteiligt werden, auf einer zu überplanenden Fläche Anhaltspunkte nach § 3 BBodSchV bestehen, Altlastensanierungen auf Bauflächen durchgeführt werden sollen oder Flächen nach § 5 BBodSchG entsiegelt werden müssen.

Abgrenzung

Bodenschutzrecht - Immissionsschutzrecht

1. Überblick

Grundsätzlich ist das Bodenschutzrecht bei der Errichtung und dem Betrieb von Anlagen gegenüber dem Immissionsschutzrecht subsidiär (§ 3 Absatz 1 Nr.11 BBodSchG). Regelungslücken bestehen bei der immissionsschutzrechtlichen Vorsorge bei allen sowie der Gefahrenabwehr bei den nicht genehmigungsbedürftigen Anlagen.

Die Vorsorge des Immissionsschutzrechts erstreckt sind nur auf schädliche Bodenveränderungen, die durch Immissionen entstehen (§§ 5 Abs. 1 Nr. 2, 23 Abs. 1 Satz 1 BImSchG i.V.m. § 3 Abs. 3 Satz 1 BBodSchG). Die bei Errichtung und Betrieb von Anlagen möglicherweise entstehenden sonstigen schädlichen Bodenveränderungen führen zur Anwendung des BBodSchG. § 4 Abs. 5 BBodSchG mit dem Gebot, bei der Sanierung nach dem 01.03.1999 eingebrachte Schadstoffe zu beseitigen, kann darüber hinaus für die eigene immissionsschutzrechtliche Vorsorge eine maßstabsbildende Funktion übernehmen.

Bei nicht genehmigungsbedürftigen Anlagen ist nicht nur die Vorsorge gegen sonstige Gefahren, Benachteiligungen und Belästigungen, sondern auch die Gefahrenabwehr gegen die genannten Störungen ungeregelt. D.h. bei allen schädlichen Bodenveränderungen, die zwar durch nicht genehmigungsbedürftige Anlagen, aber nicht durch deren Immissionen entstehen, ist das Bodenschutzrecht heranzuziehen.

2. Integration des Bodenschutzrechts in das Immissionsschutzrecht

Die materiellen Vorgaben des Bodenschutzrechts werden durch § 3 Abs. 3 BBodSchG in das Immissionsschutzrecht integriert: Zur Angleichung der Gefahrenschwelle gelten schädliche Bodenveränderungen nach BBodSchG und den Rechtsverordnungen dazu als schädliche Umwelteinwirkungen i.S.d. BImSchG, soweit sie durch Immissionen verursacht wurden, ansonsten als sonstige Gefahren, erhebliche Nachteile oder erhebliche Belästigungen i.S.d. BImSchG, § 3 Abs. 3 Satz 1 BBodSchG. Das bedeutet, daß die materiellen Maßgaben des Bodenschutzrechts in die Verfahren nach BImSchG integriert werden und so in das Immissionsschutzrecht übernommen werden müssen.[1] Das gilt auch für die Werte sowie die Ermittlungs- und Bewertungsvorgaben der Bodenschutzverordnung, insbesondere für die Vorsorge- und Prüfwerte, die damit den Handlungsbedarf durch die Immissionsschutzbehörde festlegt. Für die Vorsorge gilt dies jedoch nicht, da bisher nicht in einer Rechtsverordnung oder Verwaltungsvorschrift nach § 3 Abs. 3 Satz 2 BBodSchG festgelegt ist, welche Zusatzbelastungen durch eine Anlage kein ursächlicher Beitrag zum Entstehen einer schädlichen Bodenveränderung sind. § 11 Abs. 3 BBodSchV bestimmt ausdrücklich, daß die Aussagen der BBodSchV zu zulässigen Zusatzbelastungen nicht i.S.d. § 3 Abs. 3 BBodSchG angewendet werden können.

Während das Bodenschutzrecht die Maßstäbe liefert, regelt das Immissionsschutzrecht, welche Anforderungen an die Anlagen zu stellen sind, um schädliche Bodenveränderungen zu vermeiden.
Ausschließlich Bodenschutzrecht ist anzuwenden, wenn aus einer schädlichen Bodenveränderung oder Altlast schädliche Umwelteinwirkungen i.S. des BImSchG hervorgehen: Der Vorrang des Immissionsschutzrechts bezieht sich auf Regelungen zu Einwirkungen auf den Boden, nicht Einwirkungen durch bzw. aus ihm (z.B. Emissionen von Altlasten).

[1] BMU-Abgrenzungspapier „Bundes-Bodenschutzgesetz und Bundes--Immissionsschutzgesetz" vom 19.11.1999

3. Werteharmonisierung

Die Anforderungen des Immissionsschutzes zur Vorsorge und zum Schutz von Allgemeinheit und Nachbarschaft vor schädlichen Umwelteinwirkungen durch Luftverunreinigungen sind zu einem großen Teil in der TA Luft verankert. Dort werden u.a. Immissionswerte festgelegt und bei abweichenden Fallgestaltungen Sonderfallprüfungen vorgeschrieben. Die laufende Novelle der Verwaltungsvorschrift bestimmt u.a, daß diese Vorschriften entsprechend auf nicht genehmigungsbedürftige Anlagen anzuwenden sind.[2]

Die Verknüpfung zwischen TA Luft und Bodenschutz ergibt sich durch die Immissionswerte: Sie beziehen sich auf Immissionen, die den Boden betreffen. TA Luft und BBodSchV beziehen sich somit auf das gleiche Schutzgut. Die beschriebene Verknüpfung durch § 3 Abs. 3 BBodSchG macht deutlich, daß auch das Schutzniveau gleich sein sollte. Daher verfolgt die Novelle der TA Luft maßgeblich das Ziel, die Regelungen denen des Bodenschutzrechts anzupassen.[3]

Dazu wurden aus den Prüf- und Maßnahmenwerten niederschlagsbezogene Werte (4.5.1 des Entwurfs zur TA-Luft-Novelle) abgeleitet, unterhalb derer der Schutz vor schädlichen Bodenveränderungen besteht, soweit eine schon bestehende Prüfwertüberschreitung nicht anzunehmen ist. Es wurden weiterhin Bagatell-Emissionsmassenströme (4.5.2) und Bagatellwerte (4.5.3) festgelegt, bei denen nicht von einer Erhöhung der Bodenbelastung ausgegangen werden kann, und Sonderprüfungen (4.5.4) vorgesehen, falls die Bagatell-Emissionsmassenströme bei Böden, deren Belastungen oberhalb der Maßnahmenwerte liegen oder bei denen dieses zu befürchten ist überschritten werden.

Die Novellierung der TA Luft unter den Vorzeichen des Bodenschutzes im Anlagenrecht wird durch diese Werte auch zur näheren Bestimmung der immissionsschutzrechtlichen Vorsorge führen, und zwar nach den Maßstäben, aber außerhalb des formalen Rahmens des § 3 Abs. 3 BBodSchG. Die hier in Zukunft festgeschriebenen zulässigen Zusatzbelastungen und Bagatell-Emissionsmassenströme entsprechen

---

2 Entwurf zur Novelle der TA Luft vom 27.03.2000, 1.

3 Bericht der gemeinsamen Arbeitsgruppe von LABO, LAGA, LAWA, LAI „Harmonisierung bodenbezogener Werteregelungen", S. 20ff

den dortigen Anforderungen. Die Immissionsschutzbehörden haben diese Vorgaben zu beachten, unabhängig davon, ob es sie aus einer Verwaltungsvorschrift oder einer Rechtsverordnung hervorgehen.

4. Stillegung genehmigungsbedürftiger Anlagen

Bei der Errichtung und beim Betrieb von genehmigungsbedürftigen Anlagen muß der Bodenschutz auf die oben beschriebene Weise integriert werden. So gilt die Subsidiarität nach § 3 Abs. 1 Nr. 11 und Abs. 3 BBodSchG auch für die nachbetriebsbezogenen Pflichten des § 5 Abs. 3 BImSchG: Bei der Errichtung, während des gesamten Betriebes und bei der Stillegung muß der Betreiber sicherstellen, daß keine schädlichen Bodenveränderungen entstehen werden.

Fraglich ist, worin die immissionsschutzrechtliche Stillegung besteht, ab welchem Zeitpunkt also das Bodenschutzrecht greift. Bei dem Katalog der vorrangigen Normen sind Normen über die Stillegung von Anlagen nicht genannt. Dies steht im Gegensatz zur ausdrücklichen Erwähnung von Stillegungsregelungen hinsichtlich der Deponien in der Nummer 2 des Absatzes 1, könnte aber unbeachtlich sein, wenn die Stillegung im Immissionsschutzrecht als Teil des Betriebes angesehen wird. Ist das nicht der Fall, so ist zu fragen, zu welchem Zeitpunkt der Betrieb einer Anlage und damit die Vorrangigkeit des Immissionsschutzrechtes endet.

§ 20 BImSchG regelt die Untersagung des Betriebes einer Anlage. Hier wird unter Betrieb das reine Arbeiten der Anlage verstanden. Sobald die Anlage stillsteht, endet der Betrieb. Andererseits steht auch § 17 Abs. 4a BImSchG, der Anordnungen nach der Einstellung des Betriebes ermöglicht, unter der Überschrift "Errichtung und Betrieb von Anlagen". Dies ist m.E. jedoch deswegen nicht von Belang, weil § 17 Abs. 4a BImSchG ausdrücklich voraussetzt, daß der Betrieb der Anlage eingestellt ist. Damit stellt er sich selbst bereits durch seinen Wortlaut aus den Vorschriften "über den Betrieb" heraus. Er ist unter der genannten Überschrift deplaziert.

Für die Anwendbarkeit des Bodenschutzrechts bedeutet dies, daß die Vorrangigkeit des Immissionsschutzrechtes endet, sobald die Anlage dauerhaft nicht mehr arbeitet. In dem "Nachsorgejahr" des § 17 Abs. 4a BImSchG gelten diese Norm und die Regelungen des Bodenschutzrechtes parallel. Im Anschluß daran ist ausschließlich Bodenschutzrecht anzwenden, ebenso bei Altlasten auf Grundstücken genehmigungsbedürftiger Anlagen, die nicht aus deren laufenden Betrieb hervorgegangen sind.[4]

5. Zuständigkeiten

Soweit eine schädliche Bodenveränderung von einem Teil einer immissionsschutzrechtlich genehmigungsbedürftigen Anlage ausgeht, ist grundsätzlich das Gewerbeaufsichtsamt bis zehn Jahre nach Stillegung zuständig für alle Maßnahmen auf dem Betriebsgrundstück, § 10 Abs. 1 Satz 3 NBodSchG. Dabei ist zu beachten, daß viele bodenrelevanten Anlagen zwar für sich genommen nicht genehmigungsbedürftig, jedoch als notwendiger Bestandteil einer genehmigungsbedürftigen Anlage dieser eingegliedert sind. Auch für Bodenveränderungen, die von solchen Anlageteilen ausgehen, gilt die Zuständigkeitsregelung des § 10 NBodSchG. Die Gewerbeaufsichtsämter haben Bodenschutzrecht anzuwenden, somit bestimmt sich auch der Adressat von Anordnungen nach Bodenschutzrecht.

Das Betriebsgrundstück schließt über das nach Immissionsschutzrecht definierte Anlagengrundstück hinaus das gesamte Betriebsgelände ein. Für Maßnahmen „außerhalb der Betriebszaunes" ist die untere Bodenschutzbehörde zuständig, ebenso für nicht genehmigungsbedürftige Anlagen.

---

[4] Protokoll zur 20. BORA-Sitzung am 26./27.06.2000 in Lübeck, TOP 7.3

Abgrenzung: Bodenschutzrecht - Wasserrecht

1. Überblick

Mit dem Wasserrecht ist das Rechtsgebiet angesprochen, dessen Abgrenzung gegen das Bodenschutzrecht am meisten Probleme aufwirft.

Zwischen Wasser- und Bodenschutzrecht ergeben sich fast flächendeckend Überschneidungen, weil die Abgrenzung zwischen wasserrechtlichem und bodenschutzrechtlichem Handlungsbedarf schwer, meist jedoch überhaupt nicht zu treffen ist. Beinahe jeder Stoffeintrag in den Boden ist grundwasserrelevant, die große Mehrzahl der Grundwasserschäden entstehen durch Bodenverunreinigungen. Das BBodSchG hat daher auch den Grundwasserschutz und die Gewässersanierung zum Ziel. Letzteres ist in § 1 Satz 2 BBodSchG ausdrücklich normiert.

Andererseits schließt die Legaldefinition von Boden in § 2 Abs. 1 BBodSchG Grundwasser und Gewässerbetten aus. In § 3 BBodSchG wird eine Abgrenzung zwischen Bodenschutz- und Wasserrecht nicht getroffen. Welche Norm vorrangig anzuwenden ist, muß daher in jedem Fall danach beurteilt werden, welches die jeweils speziellere Regelung ist

2. Stoffeinträge durch den Boden in Gewässer

a. Gefahrenabwehr

Im Bereich der Gewässerbeeinträchtigung durch Stoffeinträge in den Boden trifft das Bodenschutzrecht eine Vielzahl spezifischer Regelungen.[1] Die wichtigsten sind m. E. die §§ 4 Abs. 3 Satz 1 i.V.m. Abs. 4

[1] Eine Übersicht über sämtliche wasserrelevanten Regelungen des Bodenschutzrechts und alle bodenschutzrelevanten Regelungen des Wasserrechts enthält die Anlage 2 des Protokolls zur BORA-Sitzung vom 26./27.06.2000 in Lübeck, das Abgrenzungspapier Wasserrecht – Bodenschutzrecht in der Anlage 1. (Die Version in der LABO-Tagesordnung enthält nur noch die wasserrelevanten Vorschriften des Bodenschutzrechts. Davon abgesehen kann auch sie hier angeführt werden: Sitzungsunterlage für die 18. Sitzung der LABO am 11./12.09.2000, Anlage zu TOP 9.1)

Satz 3 BBodSchG, die den Verursacher einer schädlichen Bodenveränderung oder Altlast verpflichten, das Gewässer nach den materiellen Anforderungen des Wasserrechts zu sanieren.

Das Wasserhaushaltsgesetz hält keine allgemeinen Regelungen für Grundwasserbeeinträchtigung durch Stoffeinträge in den Boden vor. Der Schutz des Bodens oder der Umgang mit wasserrelevanten Bodenverunreinigungen ist nur in vereinzelten Bereichen explizit berücksichtigt. Im Niedersächsischen Wassergesetz sind wie im Bundesrecht nur Teilbereiche geregelt. Eine Anordnungsbefugnis besteht nur nach der Generalklausel des § 169 Abs.1 NWG (" ... treffen sie nach pflichtgemäßem Ermessen die erforderlichen Anordnungen..."). Nach dieser Norm wurden bisher sowohl Grundwasser- als auch Bodensanierungen angeordnet. Mit dem BBodSchG muß nun feiner differenziert werden: Die materiellen Anforderungen an die Sanierung bestimmen sich nach wie vor nach dem Wasserrecht (§ 4 Abs. 4 Satz 3 BBodSchG), die an ihre Untersuchung und Bewertung nach Bodenschutzrecht. Lediglich bei schädlichen Bodenveränderungen und bei Altlasten, die sich im Grundwasser befinden erfolgt die Bewertung hinsichtlich einer Gefahr für das Grundwasser nach wasserrechtlichen Vorschriften (Anhang 2 Nr. 3.2e BBodSchV). Liegt die grundwasserrelevante Altlast oder schädliche Bodenveränderung in der ungesättigten Zone, erfolgt mit Hilfe der Sickerwasserprognose (§ 4 Abs. 3 BBodSchV) die Bewertung für den Übergangsbereich zwischen gesättigter und ungesättigter Zone. Die formellen Regelungen, d.h. die Ermächtigungen für Untersuchungs- und Sanierungsanordnungen sind durchgehend im Bodenschutzrecht zu finden.

Bei Stoffeinträgen ist in zwei Ausnahmefällen schließlich nicht das Bodenschutz-, sondern das Wasserrecht aufgrund seiner spezielleren Regelungen anzuwenden: Bei Gewässerverunreinigungen, die nicht durch schädliche Bodenveränderungen oder Altlasten entstanden sind (sondern z.B. durch Direkteinträge) und bei solchen, die bisher keinem verursachenden Grundstück zugerechnet werden konnten.

b. Vorsorge

Das Verhältnis im Bereich der Vorsorge für das Grundwasser regelt § 7 Satz 6 BBodSchG zugunsten eines Vorrangs des Wasserrechts. Zwar könnte der Wortlaut, insbesondere im Hinblick auf die ähnliche

Formulierung in Satz 5 dieses Paragraphen, auch so interpretiert werden, daß - wie im Gefahrenabwehrbereich - nur die materiellen Anforderungen sich nach dem Wasserrecht zu richten haben, die Bodenschutzbehörden aber zuständig bleiben. Die Gesetzesmaterialien2 ergeben jedoch, daß hier ein Ausschluß des Bodenschutzrechtes statuiert werden sollte.

Damit folgt das BBodSchG seiner eigenen Zielsetzung: § 1 Satz 1 BBodSchG gibt vor, daß Vorsorge gegen nachteilige Einwirkungen auf den Boden zu treffen ist, aus dem nach § 2 Abs. 1 BBodSchG die Gewässer ausgeschlossen sind. Dies wird durch § 7 Abs. 6 BBodSchG noch einmal klargestellt: Im Bereich der Vorsorge vor Grundwasserbeeinträchtigungen ist das Wasserrecht als vorrangig zu betrachten. Vorsorgeanordnungen nach dem Bodenschutzrecht können nicht allein auf den Gedanken des Grundwasserschutzes gestützt werden.

Nichts desto trotz betrifft der Schutz und die Vorsorge bei der Bodenfunktion "Bestandteil des Wasserkreislaufs" natürlich auch die Vorsorge für das Grundwasser. Die in § 12 BBodSchV genannten wasserrelevanten Vorsorgeregelungen (die Verhinderung von Nährstoffeinträgen in Gewässer bei der Aufbringung von Materialien und das Aufbringungsverbot in Wasserschutzgebieten) sind unter diesem Gesichtspunkt zu betrachten. Wird in Wasserschutzgebiete Material nach § 12 BBodSchV eingetragen, oder reicht das Puffervermögen des Bodens nicht mehr aus, um die auf diesem Weg eingetragenen Nährstoffe von den Gewässern fernzuhalten, ist die Erfüllung der Bodenfunktion aus § 2 Abs. 2 Nr. 2b BBodSchG nicht mehr möglich. Die Vorsorge des Bodenschutzrechts entfaltet damit immer auch vorsorgende Nebenwirkungen für die Gewässer, bezieht sich aber nie nur auf diese.

4. Zuständigkeiten

Die Zuständigkeit geht immer aus dem anzuwendenden Rechtsgebiet, also aus dem der spezielleren Norm hervor. Werden lediglich die materiellen Anforderungen des Wasserrechts in das Bodenschutzrecht übernommen, richtet sich die Zuständigkeit weiterhin nach Bodenschutzrecht. Bei Anordnungen zur Gefahrenabwehr sind grundsätzlich die Bodenschutzbehörden zuständig. Sie müssen nach § 4 Abs. 7 BBodSchV die Erkenntnisse von Grundwasseruntersuchungen und das Ausmaß der zu erwartenden Schäden an Gewässern in ihrer Bewertung und bei ihren Anordnungen berücksichtgen. Soweit wasserrechtliche Erlaubnisse oder andere Zulassungen erforderlich sind, um die Anordnungen der Bodenschutzbehörden durchzuführen, bleiben hierfür allerdings die Wasserbehörden zuständig.

Die Wasserbehörden sind darüber hinaus für die Gefahrenabwehr zuständig, falls die Gewässerverunreinigung nicht durch eine schädliche Bodenveränderung oder Altlast verursacht wurde, oder wenn sie keinem verursachenden Grundstück zugeordnet werden kann (s.o.). Weiterhin sind die Wasserbehörden auf dem Gebiet der Vorsorge für ihre Schutzgüter zuständig (§ 7 Satz 6 BBodSchG). Die Bodenschutzbehörden können nur Vorsorgeanordnungen treffen, soweit der Zusammenhang mit dem Bodenschutz weiter besteht.

Bodenerosion durch Wasser

Einen Hinweis auf die Hierarchie der Bodenerosion-durch--Wasser-Regelungen gibt zunächst § 17 Abs. 2 Satz 2 BBodSchG selbst: Es werden Punkte genannt, die insbesondere zu den Grundsätzen guter fachlicher Praxis in der Landwirtschaft gehören.

§ 8 BBodSchV errichtet ein Regelungsgerüst für die Untersuchung und die Bewertung von Flächen, auf denen schädliche Bodenveränderungen zu befürchten sind. Es sind zunächst Anhaltspunkte beschrieben, bei denen Untersuchungen nach Anhang 4 durchzuführen sind, und weiter, bei welchen Ergebnissen von einer schädlichen Bodenveränderung durch Wasser auszugehen ist. Auf der Rechtsfolgenseite wird nur durch den Absatz 6 mit der Vorgabe, den zuständigen landwirtschaftlichen Beratungsstellen Gelegenheit zur Empfehlung emissionsmindernder Maßnahmen und die Vorgabe, bei Anordnungen das Einvernehmen mit den landwirtschaftlichen Fachbehörden herzustellen getroffen. Darüber hinaus unterliegt auch die schädliche Bodenveränderung durch Wassererosion den Regelungen des § 4 BBodSchG. § 17 Abs. 2 Satz 2 Nr. 4 BBodSchG stellt gegenüber § 8 BBodSchV nur fest, daß eine Bodenabträge vermeidende Bewirtschaftung den Grundsätzen guter fachlicher Praxis entspricht. Für den Fall, daß es dennoch zu schädlichen Bodenveränderungen durch Wassererosion kommt, ist § 8 Abs. 6 BBodSchV anzuwenden.

Kommen wir zu den Regelungen des Wasserrechts. Hier ist die unter Gemeinwohlaspekten notwendige Vermeidung von Bodenerosion durch Wasser ein Grund für die Festsetzung von Wasserschutz- und Überschwemmungsgebieten. Das WHG spricht nicht von Bodenerosion durch Wasser oder gar von schädlichen Bodenveränderungen aufgrund dieses Vorgangs, sondern vom Eintrag von Bodenbestandteilen in Gewässer (§ 19 Abs. 1 Nr. 3 WHG) und von erosionsfördernden Eingriffen. Solche erosionsfördernden Eingriffe sind erfolgt, wenn schädliche Bodenveränderungen aufgrund von Bodenerosion durch Wasser festzustellen sind. Die Festsetzung eines Überschwemmungsgebietes ist damit eher eine vorsorgende Regelung, die Regelungen des Bodenschutzrechts dienen zur Vorbereitung der Gefahrenabwehr (mit Ausnahme des § 17 Abs. 2 Satz 2 Nr. 4 BBodSchG). Bestehende Beeinträchtigungen sind damit nach Bodenschutzrecht zu behandeln, zu befürchtende/der Schutz vor weiteren durch die Festsetzung eines Überschwemmungsgebietes und die jeweiligen landesrechtlichen Schutzvorschriften. Die Möglichkeit, Wasserschutzgebiete festzusetzen besteht ebenfalls zur Verhütung von Einträgen von Bodenbestandteilen, also ebenfalls im Bereich der Vorsorge. Damit gilt auch hier das zu Überschwemmungsgebieten ausgeführte.

GPSR Compliance

The European Union's (EU) General Product Safety Regulation (GPSR) is a set of rules that requires consumer products to be safe and our obligations to ensure this.

If you have any concerns about our products, you can contact us on ProductSafety@springernature.com

In case Publisher is established outside the EU, the EU authorized representative is:

Springer Nature Customer Service Center GmbH
Europaplatz 3
69115 Heidelberg, Germany

Batch number: 10844675

Printed by Printforce, the Netherlands